高职高专
财经类
规划教材

詹二妹／主编

（第六版）

会计综合模拟实训

立信会计出版社
LIXIN ACCOUNTING PUBLISHING HOUSE

图书在版编目(CIP)数据

会计综合模拟实训 / 詹二妹主编. -- 6 版.
上海:立信会计出版社,2024.7. -- ISBN 978-7-5429-
7253-8
Ⅰ. F230
中国国家版本馆 CIP 数据核字第 2024AY3994 号

责任编辑　　孙　勇
美术编辑　　吴博闻

会计综合模拟实训(第六版)
KUAIJI ZONGHE MONI SHIXUN

出版发行	立信会计出版社
地　　址	上海市中山西路 2230 号　　邮政编码　200235
电　　话	(021)64411389　　传　真　(021)64411325
网　　址	www.lixinaph.com　　电子邮箱　lixinaph2019@126.com
网上书店	http://lixin.jd.com　　http://lxkjcbs.tmall.com
经　　销	各地新华书店
印　　刷	常熟市人民印刷有限公司
开　　本	787 毫米×1092 毫米　　1/16
印　　张	16.5
字　　数	256 千字
版　　次	2024 年 7 月第 6 版
印　　次	2024 年 7 月第 1 次
书　　号	ISBN 978-7-5429-7253-8/F
定　　价	46.00 元

如有印订差错,请与本社联系调换

编 写 说 明

为了适应新时期对应用型人才的需要和培养学生达到一定的从事会计职业的专业能力，使会计理论教学与实践教学相结合，培养学生的专业素质和动手能力，缩短及至消除学生走上工作岗位后的适应期，我们依据新修订的《中华人民共和国会计法》《企业会计制度》《企业会计准则》和最新税收制度及银行结算制度，编写了这本《会计综合模拟实训》教材。

本教材立足校企合作，选择一家生产经营环节齐全、核算完整的汽车配件生产企业作为会计主体，模拟企业的产品为捷达标准款汽车活塞（活塞Jetta）、桑塔纳标准款汽车活塞（活塞Santana）、赛欧标准款汽车活塞（活塞Sail），内容素材贴近实际，真实性强，学生容易理解，可以激发学生实训的兴趣。在会计事项设计上，按照一个完整月份（12月）的经济活动，提炼了汽车配件生产企业具有典型代表性的125笔经济业务，这些经济业务既包括企业平时发生的经济业务，又包括年末结账所发生的经济业务，涵盖了一名会计人员应知、应会的基本业务内容。学生可以借助仿真性较强的原始凭证、记账凭证、会计账簿和会计报表，对经济业务和会计部门各岗位的工作进行一次全面、系统的操作和演练。通过仿真模拟实训，有利于学生树立会计规范化的概念，实现立德树人的根本任务；也有利于提高学生实际操作技能和从事会计工作的实际工作能力。

本教材主要包括六个部分：第一部分总论，第二部分模拟企业概况，第三部分会计综合模拟实训要求，第四部分会计综合模拟实训操作规范，第五部分期初模拟资料，第六部分本月模拟资料。

本教材适用于高职高专院校的大数据与会计专业、财务管理专业、大数据与审计专业及其他相关专业的会计综合实训，也可以作为会计人员岗前培训和在职人员继续教育的实例教学参考，还可作为广大读者自学会计实务的工具书。

为了方便教学,本教材提供了参考答案,任课教师可发 E-mail 至 pastwater11@163.com 索取。

本教材是编写人员密切合作的结果。在编写过程中,编者对编写大纲和经济业务的设计进行了多次探讨,并进行了大量的调研。本教材由詹二妹任主编,负责教材整体设计、修改及总纂,编写了第四、第五及第六部分;巫卫任副主编,编写了第一、第二及第三部分并负责审稿工作。另外,本教材的编写还得到了福州泰维克汽车配件有限公司总会计师陈丽宁、福建亿能达信息技术股份有限公司詹光威高级会计师等多位同志的大力支持和协助,在此一并表示致谢。

编　者

2024 年 8 月

目 录

第一部分　总论 …………………………………………………………… 1
　一、会计综合模拟实训的目的 ………………………………………… 1
　二、会计综合模拟实训的特点 ………………………………………… 1

第二部分　模拟企业概况 ………………………………………………… 2
　一、模拟企业基本信息 ………………………………………………… 2
　二、模拟企业注册资金及股本构成 …………………………………… 2
　三、生产经营组织 ……………………………………………………… 2
　四、会计工作组织 ……………………………………………………… 3

第三部分　会计综合模拟实训要求 ……………………………………… 4
　一、模拟企业会计核算管理制度 ……………………………………… 4
　二、会计综合模拟实训的操作程序 …………………………………… 6
　三、会计综合模拟实训的操作要求 …………………………………… 6
　四、会计综合模拟实训的进度安排 …………………………………… 7
　五、会计综合模拟实训成绩评定标准 ………………………………… 7

第四部分　会计综合模拟实训操作规范 ………………………………… 8
　一、建账操作规范 ……………………………………………………… 8
　二、原始凭证操作规范 ………………………………………………… 8
　三、记账凭证操作规范 ………………………………………………… 11
　四、会计凭证的归档保管 ……………………………………………… 13
　五、会计账簿操作规范 ………………………………………………… 14
　六、对账与结账 ………………………………………………………… 18
　七、会计报表编制规范 ………………………………………………… 19

第五部分　期初模拟资料 ………………………………………………… 21
　一、期初建账资料 ……………………………………………………… 21
　二、期初会计报表资料 ………………………………………………… 27

第六部分 本月模拟资料 …………………………………………………… 30
　一、模拟企业2024年12月份经济业务一览表 ……………………………… 30
　二、会计综合模拟实训的原始凭证 ………………………………………… 33

附录　空白记账凭证、账页及封皮 …………………………………………… 247

第一部分　总　　论

一、会计综合模拟实训的目的

会计是一门是实践性很强的学科,会计专业又是应用型专业,会计专业培养的是实用型人才,所以,要特别注重学生动手能力的培养。《会计综合模拟实训》就是从实践教学出发,以模拟企业"福州安达汽车配件有限公司"为背景,以典型经济业务为主线,全部以原始凭证的形式给出模拟企业2024年12月份发生的各种经济业务,让学生通过对模拟企业所发生经济业务的会计处理,认识企业生产经营活动中所涉及的各种原始凭证,并了解它们之间的关系,提高识别和审核原始凭证的能力;通过编制记账凭证、登记账簿、成本计算、财产清查、编制会计报表等熟悉会计处理程序和方法;掌握会计核算全过程。同时,通过《会计综合模拟实训》还可以培养学生分工协作的意识,使学生熟悉会计工作岗位之间的业务传递流程,加深对会计工作、会计职业的认识,帮助学生实现理论知识向实践技能的转化,为学生将来尽快胜任会计工作打下坚实的基础。

二、会计综合模拟实训的特点

为了达到高等职业教育会计职业培养目标,适应新时期对实用新型人才的需求,以提高学生实际操作技能和从事会计专业的实际工作能力为出发点,缩短理论到实践的距离,本模拟实训主要突出了以下几个方面的特点。

（一）新颖性。会计工作的内容、方式、手段会随着经济形势、会计准则制度、税收法律法规的变化而发生变化,本实训均是按照会计准则制度、税收法律法规的最新规定和最新的银行结算制度设计经济业务,进行会计处理,充分体现了会计改革和税制改革的基本精神。

（二）仿真性。本实训以汽车配件生产企业的真实素材为模拟对象,按企业实际工作中日常经济业务发生的先后顺序编排,相关数据衔接连贯;经济业务所使用的各种外来或自制原始凭证均采用实际工作中真实的票据样式,各种印章及戳记等也与企业实际所使用的相一致,真实性极强,使学生有一种置身实际工作岗位的感觉。

（三）操作性。本实训对费用归集、分配和成本计算的方法和要求,纳税申报和社会保险费的计算等有关规定作了详细说明,并附有各种由会计人员填制的原始凭证和计算用的表格,对重点、难点采用学生容易理解和操作的方式进行模拟,使整个实训过程易于操作。

（四）全面性。本实训提炼了汽车配件生产企业具有典型代表的125笔经济业务,内容新,业务全,涵盖了一名会计人员应知应会的基本业务内容,涉及资金、往来、工资薪金、收入、费用、利润、成本计算及涉税业务等。实训内容系统、全面,涵盖原始凭证的识别和审核、记账凭证的编制、成本计算、财务清查、登记账簿、结账、对账和编制会计报表等一系列会计基本技能和方法,并要求会计处理按规范进行。

第二部分 模拟企业概况

一、模拟企业基本信息

福州安达汽车配件有限公司是一家从事汽车配件生产的企业,注册资本为800万元。公司现有员工138人。公司的权力机构为股东会,公司设立董事会并对股东会负责,董事长为陈高明。公司总经理对董事会负责,总经理由董事长兼任,公司基本信息如下。

公司名称:福州安达汽车配件有限公司

公司地址:福州市仓山区朝阳路666号

联系电话:0591-33856611

开户银行:中国工商银行南山支行

银行账号:789091245008004

税务登记号:350101768172805

二、模拟企业注册资金及股本构成

(一)模拟企业注册资本:800万元。

(二)模拟企业股本构成如表2-1所示。

表2-1

模拟企业股本构成一览表

股 东 名 称	持 股 比 例
福建汽车工业集团公司	40%
福州利佳工贸公司	35%
陈高明	15%
林力	10%

三、生产经营组织

该公司是专为有关汽车厂家配套生产各种活塞的汽车配件生产企业,产品有80多个品种规格的活塞,为教学需要,本实训只选择其中的3个品种,即捷达标准款汽车活塞(活塞Jetta)、桑塔纳标准款汽车活塞(活塞Santana)、赛欧标准款汽车活塞(活塞Sail)。

该公司属于连续式多步骤生产的企业,生产过程分为铸造和加工两大步骤,因此,企业设两个基本生产车间,即铸造车间和加工车间。企业还设有机修车间和车队两个辅助生产车间,其中机修车间负责全公司的机器设备维修,车队为全公司提供运输服务。公司另设有专门销售机构、办公室及财务部等行政管理部门。

四、会计工作组织

该公司设有总会计师,由陈宏江(高级会计师)担任,由总会计师领导下的该公司财务部配备会计人员4人,财会人员的配备及分工如下。

陈宏江:总会计师,全面负责财务部工作,制定本公司财务制度,负责公司资金调度,审查公司财务计划执行情况。

林丽:财务经理,负责会计稽核和总账报表核算,包括审核会计凭证、登记总账和编制会计报表。

林玉平:负责工资薪金、收入、费用、利润及涉税业务的核算,包括填制相关会计凭证及相关明细账的登记。

李玲:负责资产物资、资金、往来及成本的核算,包括填制相关会计凭证、成本计算及相关明细账的登记。

陈小艺:负责出纳核算,包括办理现金和银行存款收付业务,负责票据和有价证券保管工作,登记库存现金和银行存款日记账。

另外,材料仓库管理员林小燕,产成品仓库管理员林红,分别对相关存货的数量账根据出入库单进行逐笔登记,月末与会计对账。

第三部分　会计综合模拟实训要求

一、模拟企业会计核算管理制度

（一）会计核算以人民币为记账本位币，采用借贷记账法记账。

（二）交易性金融资产按公允价值计量，购入、出售交易性金融资产均在"银行存款"账户中核算。期末，按单项交易性金融资产计算并将其公允价值的变动计入当期损益。

（三）存货（原材料、周转材料、库存商品），按实际成本计价。

1. 原材料的核算。"原材料"总账下设"原主材料""辅助材料""燃料""包装材料"二级明细账。

2. 周转材料的核算。"周转材料"按"低值易耗品""包装物"设置二级明细账。

低值易耗品领用采用一次摊销法。包装物在生产过程中领用，计入生产成本。

3. 存货发出的核算。发出存货成本采用全月一次加权平均法计算。月末，财务部门对全月的存货出库单进行汇总，编制"发料凭证汇总表"，采用全月一次加权平均法计算发出存货的平均单价及发出存货的成本。相关存货的数量账则由仓库管理员日常根据出入库单进行逐笔登记，月末与会计进行对账。

4. 每个月末要对各种库存存货进行实地盘点。对于盘盈盘亏的存货，由董事会批准后进行账务处理。

5. 期末，存货按照成本与可变现净值孰低计量。按单项确认存货的可变现净值，对于可变现净值低于其成本的差额提取存货跌价准备。

（四）坏账准备采用应收账款余额百分法计提，计提比例为5‰。

（五）固定资产按平均年限法及分类折旧率计提折旧（固定资产的残值率为5％）。

（六）无形资产自取得当月起在预计使用年限内分期平均摊销，计入损益。

（七）职工薪酬。

1. 职工薪酬的核算：在"应付职工薪酬"下设置"工资""职工福利""养老保险""失业保险""工伤保险""生育保险""住房公积金""职工教育经费""工会经费"等二级明细科目。一般薪酬在月末确认为负债，并根据职工提供服务的受益对象，分别记入相关资产成本或当期损益，并于下月初支付或发放。

2. 职工福利和职工教育经费的核算：按实际使用列支，本实训采用实际发生支出时记入"应付职工薪酬——职工福利"或"应付职工薪酬——职工教育经费"的借方，月末按当月实际发生金额转入当期损益。

3. 为职工缴纳的养老保险、失业保险、工伤保险、医疗保险、生育保险、住房公积金按照应付工资总额的一定比例计算，本实训上述各项费用的计提基数和比例如下：

（1）基本养老保险的缴纳比例：企业缴纳18％，个人缴纳8％；分行业确定最低基数，本模拟企业最低基数为1 800元（缴存基数在国家政策有变化时由社会保险管理中心重新调整核定)。

(2) 失业保险的缴纳比例:企业缴纳1%,个人缴纳0.5%;缴存基数与基本养老保险一致。

(3) 工伤保险的缴纳比例:企业缴纳0.5%;最低基数为3 123.90元(缴存基数于每年6月由社会保险管理中心按前12个月的平均工资重新核定)。

(4) 生育保险的缴纳比例:企业缴纳0.5%;最低基数为3 123.90元(缴存基数于每年6月由医疗保险管理中心按前12个月的平均工资重新核定)。

(5) 医疗保险的缴纳比例:企业缴纳8%,个人缴纳2%;最低基数为3 644.55元(缴存基数于每年6月由医疗保险管理中心按前12个月的平均工资重新核定)。

(6) 住房公积金的缴纳比例:目前的缴纳比例国家规定为8%~12%,本模拟企业选择单位和个人均按10%计算缴纳(缴存基数于每年的7月1日至15日由住房公积金管理中心按前12个月的平均工资重新核定)。

4. 工会经费的核算:缴存基数与基本养老保险一致,企业按0.8%计提缴纳。

(八) 产品成本计算采用品种法,"生产成本"账户设置如下:

"生产成本"总账下,按"基本生产成本""辅助生产成本"设置二级明细账,分别核算基本生产车间和辅助生产车间发生的各项生产费用。

(九) 基本生产车间生产费用的归集分配。

1. 在"生产成本——基本生产成本"二级明细账下,按活塞Jetta、活塞Santana、活塞Sail三种产品设置三级明细账,三种产品均按"直接材料""直接人工""制造费用"三个成本项目归集应负担的生产费用。

2. 基本生产车间发生的直接材料费用、直接人工费用按实际发生数直接计入产品成本。

3. 基本生产车间发生的各项间接费用先通过"制造费用"账户归集,"制造费用"账户按"铸造车间""加工车间"设置明细账,月末再将本月发生的间接生产费用按生产工时比例分配转入活塞Jetta、活塞Santana、活塞Sail三项产品成本中。

(十) 辅助生产车间生产费用的归集分配。在"生产成本——辅助生产成本"二级明细账下,按"车队""机修车间"设置三级明细账,不单独设置制造费用明细账,发生的各项费用在辅助生产费用三级明细账中归集,月末采用直接分配法按受益对象的受益量进行辅助生产费用分配。

(十一) 完工产品成本计算。采用约当产量法,将期初在产品成本和本月发生的生产费用合计数在期末在产品和完工产品之间进行分配,编制产品成本计算单。

(十二) 各项税费的缴纳。企业在福州市税务局缴纳税金,企业为增值税一般纳税人,增值税税率为13%,城市维护建设税税率为7%,教育费附加征收率为3%,地方教育附加征收率为1%,印花税税率为0.03%,印花税以购销合同为计税金额,各种税费于月末计算,次月15日内缴纳;企业所得税税率为25%,企业所得税按年计算,分月预缴,月末计提,次月15日内预缴,年终汇算清缴,多退少补(假定企业1~11月份的所得税已计算上缴)。

(十三) 法定盈余公积金于年末一次提取,提取比例为净利润的10%。

(十四) 向投资者分配利润。应分配给投资者的利润按股东的出资比例和提取法定盈余公积金后剩余可供分配利润的 40%于年末计算分配。

（十五）各种分配率、单价、单位成本保留六位小数，尾差在末项调整。

二、会计综合模拟实训的操作程序

（一）期初建账。根据第四部分的期初建账资料建立模拟企业 12 月初的总账、日记账和明细账。

（二）审核原始凭证。对外来或自制的原始凭证或原始凭证汇总表进行合法性、合规性、合理性审核。

（三）填制记账凭证。企业采用通用记账凭证，会计凭证按月连续编号；会计根据已审核无误的原始凭证填制记账凭证，然后在记账凭证的"制单"处签名或盖章；将已填制完成的记账凭证及所附原始凭证传递给负责记账凭证审核的会计主管。

（四）审核记账凭证。稽核会计接受制单会计转来的记账凭证及所附原始凭证，进行认真审核，经审核无误后，应在记账凭证的"审核"处签名或盖章，以示负责；将审核后的记账凭证，再传递给相关人员据以登记账簿。

（五）登记日记账。出纳根据与现金银行存款收付业务有关的记账凭证及所附原始凭证，登记"现金日记账"或"银行存款日记账"；登记日记账完成后，在记账凭证的"出纳"处签名或盖章，并按要求做到日清月结。

（六）登记明细账。相关会计人员根据记账凭证或原始凭证，逐笔登记所属明细分类账；完成登记工作后，在记账凭证的记账符号栏内打"√"，注明过账符号，并且在"记账"处签名或盖章。

（七）登记总账。模拟企业采用科目汇总表账务处理程序，记账凭证每 10 天汇总 1 次，编制科目汇总表，并根据科目汇总表登记总分类账。

（八）期末对账。会计人员分别对总账、明细账和日记账进行核对，并编制试算平衡表，检查是否相符。

（九）期末结账。记账人员分别对相关的总账、明细账和日记账进行期末结账工作。

（十）编制财务会计报告。由会计主管编制财务会计报告，包括资产负债表、利润表、现金流量表及所有者权益变动表等。

（十一）审核报表。编制完毕的会计报表送交总会计师进行审核。

（十二）档案管理。会计人员应将各种记账凭证，连同所附的原始凭证或原始凭证汇总表按编号顺序，折叠整齐，按照装订凭证的规定，加具封面，注明单位名称、年度、月份和起讫日期，按旬分订 3 册，并由装订人签名或盖章。制单会计和记账会计应将各种账页按不同格式（或类别）装订成册，附上账簿启用登记表。会计主管将全部会计报表附上会计报表封面，注明单位名称、年度、月份。所有会计档案应送交会计主管（审核员）审核，审核合格后，会计主管归档保管待上交。

三、会计综合模拟实训的操作要求

（一）严格按照现行的会计准则制度、税收法律法规和本模拟企业所规定的会计核算管理制度来进行会计处理。

（二）本实训的模拟形式可根据具体情况来决定，一是分组按岗位共同完成，此形式更接近实际,但学生不能掌握全面核算过程;二是由每个学生分别独立完成,此形式与实际工作岗位不符,但能使学生全面掌握核算过程。

(三)文字和数字要书写工整、清晰,而且一律要用蓝(黑)墨水书写,按规定用红字时,方可用红笔书写。如出现填写错误,要按照规定的方法进行更正。

(四)全部实训结束后,要求每人写出一份实训报告,主要总结在操作中的体会,并结合实训的内容提出实训课需要改进和注意的问题。

四、会计综合模拟实训的进度安排

实训一般安排在有关会计课程课堂教学任务完毕后进行,实验总时数约为72学时,大致可作如下分配:

(一)准备阶段(4课时),主要工作如下:

1. 指导教师讲述实训的目的和意义,使学生对实训有一个正确的认识和积极的态度。

2. 介绍会计模拟企业的概况及模拟企业有关的会计核算制度。

3. 讲解会计实训的操作程序和要求,使学生熟悉和掌握在会计实训中所运用的理论和方法。

4. 说明实训的时间安排、成绩考核办法及实训所用的工具、凭证、账簿、报表等,让学生做好准备。

(二)实训阶段(56课时),每位学员应在老师指导下,独立完成实验任务,完整地作出一份企业在12月份的会计凭证、账簿和财务报告。只能在涉及凭证、账簿、会计报表等的内容上需要2人以上签名处才能由其他同学签名,不能由几个人共同完成一套实验作业。

(三)整理小结阶段(12课时)主要是对所填制的凭证、登记的账簿、编写的财务报告进行整理,并按要求装订成册,交教师评分。

五、会计综合模拟实训成绩评定标准

(一)对学生实验作业成绩评定,可按百分制评定:优秀(90分以上)、良好(80~90分)、中等(70~80分)、及格(60~70分)、不及格(60分以下),其标准分数构成为:

1. 填制会计凭证(30分)。
2. 登记账簿(30分)。
3. 成本计算及损益计算(10分)。
4. 纳税申报(10分)。
5. 编制会计报表(10分)。
6. 会计档案整理及工作纪律(10分)。

(二)质量要求:书写工整正确、整理和装订符合规范要求,如有不正确之处,其扣分标准为:填制凭证按错填所占比例扣分;会计分录出错不给分;其他项目出错酌情扣分;账簿登记按出错账页次数所占全部账簿登记次数的比例扣分;登记出错或与会计凭证不符的不给分;登记不规范酌情扣分;各种计算表和会计报表出错不给分;其他项目出错酌情扣分。

第四部分　会计综合模拟实训操作规范

一、建账操作规范

建账,是指根据《中华人民共和国会计法》和国家统一会计制度的规定,以及企业所属具体行业要求和将来可能发生的会计业务情况,确定账簿种类、格式、内容及登记方法的活动。

企业建账的基本要点如下。

(1)按照需用的各种账簿的格式要求,预备各种账页,并将活页的账页用账夹装订成册。

(2)在账簿扉页的"启用表"上,写明单位名称、账簿名称、册数、编号、起止页数、启用日期以及记账人员和会计主管人员姓名,并加盖名章和单位公章。记账人员或会计主管人员在本年度调动工作时,应注明交接日期、接办人员和监交人员姓名,并由交接双方签名或盖章,以明确经济责任。

(3)按照会计科目表的顺序、名称,在总账账页上建立总账账户;并根据总账账户明细核算的要求,在各个所属明细账户上建立二级、三级……明细账户。原有单位在年度开始建立各级账户的同时,应将上年账户余额结转过来。

(4)启用订本式账簿,应从第一页起到最后一页止顺序编定号码,不得跳页、缺号;使用活页式账簿,应按账户顺序编本户页次号码。各账户编列号码后,应填"账户目录",将账户名称页次登入目录内,并粘贴索引纸(账户标签),写明账户名称,以便检索。

二、原始凭证操作规范

原始凭证是在经济业务发生时取得或填制的,用来证明经济业务的发生,明确经济责任,并作为记账依据的书面文件。

(一)原始凭证处理要点。填制和审核原始凭证,是会计核算工作的起点,原始凭证填制的正确与否,直接影响会计核算工作的质量。对原始凭证填制,总体而言必须做到记录真实、内容完整、书写清楚、填制及时。具体操作时,应把握以下原始凭证处理要点。

(1)外来原始凭证,必须盖有填制单位的财务专用章或发票专用章,同时具有套印的税务部门或有权监制部门的专用章以及填制人员的签名或盖章;从个人取得的原始凭证,必须有填制人员的签名或者盖章,同时应写明住址,必要时应注明身份证号码。

(2)自制原始凭证,必须有经办单位负责人(或其指定的人员)和经办人签名或者盖章。

(3) 凡需填写大写和小写金额的原始凭证,大写与小写金额必须相符。购买实物的原始凭证,必须有实物验收证明;支付款项的原始凭证,必须有收款单位和收款人的收款证明。

(4) 一式几联的原始凭证,应当注明各联的用途,只能以一联作为报销凭证,必须用双面复写纸(发票和收据本身具备复写纸功能的除外)套写,并连续编号。作废时应当加盖"作废"戳记,连同存根一起保存,不得撕毁。

(5) 发生销货退回的,除填制退货发票外,还必须有退货验收证明;退款时,必须取得对方的收款收据或者汇款银行的凭证以及当地主管税务机关开具的"进货退出或索取折让证明单",不得以退货发票代替收据。

(6) 职工因公借款的借据,必须附在记账凭证之后。收回借款时,应当另开收据或者退还借据副本,不得退还原借款收据。

(7) 经上级有关部门批准的经济业务,应当将批准文件作为原始凭证附件。如果批准文件需要单独归档的,应当在凭证上注明批准机关名称、日期和文件字号。

(8) 原始凭证发现错误或无法辨认的,不得涂改、挖补。未入账的原始凭证,应退回填制单位或填制人员补填或更正,更正处应当加盖开出单位的公章;发现有违反财经纪律和财会制度的,应拒绝受理,对弄虚作假、营私舞弊、伪造涂改等违法乱纪的,应扣留凭证,报告领导处理。已经入账的原始凭证,不能抽出,应另外以正确原始凭证进行更正。

(9) 原始凭证不得外借。其他单位如因特殊原因需要使用原始凭证时,经本单位领导批准,可以复制,复制时,须有财务人员在场。向外单位提供的原始凭证复制件,应在专设的登记簿上登记,并由提供人员和收取人共同签名或盖章。

(10) 外来原始凭证如有遗失,应取得原填制单位盖章证明,并注明原始凭证编号金额和内容等,经单位领导人批准后,才能作原始凭证。如确实无法取得证明的如火车、汽车、轮船、飞机票等,由当事人写出详细情况,由单位领导人批准后,代作原始凭证。

(11) 一般情况下,记账凭证必须附有原始凭证并注明张数。原始凭证的张数按自然张数计算(原始凭证汇总表应计算在内,原始凭证粘贴纸不应计算)。更正错误或结账、调账的记账凭证,可以不附原始凭证,但应对调整事项说清楚。

(12) 附在办理收付款项的记账凭证后的原始凭证,在办理完收付款项后,必须加盖"收讫""付讫"戳记。

(13) 对于数量较多的原始凭证,如收、发料单等,可以单独装订保管,在封面上注明记账凭证日期、编号、种类,同时在记账凭证上注明"附件另订"字样、原始凭证名称和编号。

(14) 各种经济合同、存出保证金收据及涉外文件等重要原始凭证,应另行编制目录,单独登记保管,并在有关记账凭证和原始凭证上相互注明日期和编号。

(二) 原始凭证书写要求。

1. 阿拉伯数字书写。

(1) 自上而下、先左后右进行书写,防止写倒笔字,大小一致。

(2) 一般向右倾斜,数字与底线的夹角为60度左右。

（3）书写的字形和字体要一致，数字要一个一个书写，不能连笔写，"0"不能有缺口，字迹要清楚，不能错乱。数位要对齐，书写要规范。

（4）填制原始凭证必须用蓝色或黑色墨水，除复写可用圆珠笔、改错冲销用红色墨水书写外，一般不得用圆珠笔和红色墨水书写。

（5）有的原始凭证上，在金额数字前面应加写人民币符号"￥"，但要注意与阿拉伯数字有明显区别。以元为单位的阿拉伯数字，一律填写到角、分，无角、分的，角位和分位可写"00"，切忌空着不写。

阿拉伯数字的书写规范如表4-1所示。

表4-1

小写金额数字的规范书写

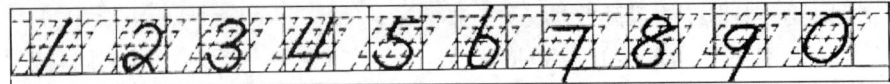

2. 中文大写数字的书写。

中文大写数字不易篡改，主要用于收据、支票等。

（1）大写的每笔数字都是由数字和数位组成，两者缺一不可。数字：壹、贰、叁、肆、伍、陆、柒、捌、玖、零；数位：拾、佰、仟、万、亿。如金额16.48元，大写应写成壹拾陆元肆角捌分，而不能写成拾陆元肆角捌分。

（2）数字中间遇到有空位时，必须补写零，如金额206.98元，大写应写成贰佰零陆元玖角捌分。当遇到两个或两个以上的空位连在一起时，只需补写一个零，如金额1 008.58元，大写应写成：壹仟零捌元伍角捌分。

（3）大写金额数字前要写"人民币"字样，并紧接着写上数字，"人民币"字样与数字之间不要留空，以防添加数字。

（4）元后要写"整"，即数字末尾元以下没有角分时，数字后面要写一个"整"字收尾，如金额5 168.00元，大写应写成：伍仟壹佰陆拾捌元整。

大写金额的书写规范如表4-2所示。

表4-2

大写金额数字的规范书写

楷　体	零、壹、贰、叁、肆、伍、陆、柒、捌、玖、拾、佰、仟、万、亿、整、圆(元)、角、分
行　楷	零、壹、贰、叁、肆、伍、陆、柒、捌、玖、拾、佰、仟、万、亿、整、圆(元)、角、分

（三）原始凭证分割与粘贴的要点。

（1）如果一张原始凭证涉及几张记账凭证，可以把原始凭证附在一张主要的记账凭证后面，并在其他记账凭证上注明附有该原始凭证的记账凭证的编号或者附原始凭证复印件。当一张或几张原始凭证涉及几张记账凭证时，可将原始凭证附在其中一张主要的记账凭证后面，并在摘要栏内注明"本凭证附件包括××号记账凭证业务"字样，在其他有关记账凭证的摘要栏内注明"原始凭证附于××号记账凭证后面"的字样。

(2) 一张原始凭证所列支出需要几个单位共同负担的,应当将其他单位负担的部分,开给对方原始凭证分割单,进行结算。原始凭证分割单必须具备原始凭证的基本内容:凭证名称、填制凭证日期、填制凭证单位名称或者填制人姓名、经办人的签名或者盖章、接受凭证单位名称、经济业务内容、数量、单价、金额和费用分摊情况等。

(3) 附在记账凭证之后的原始凭证,应折叠、粘贴整齐,对小于记账凭证的原始凭证(如:火车、汽车、飞机、轮船票等),要粘贴在与记账凭证一样大小的原始凭证粘贴单上。粘贴时应横向进行,从右至左,并应粘在原始凭证的左边,逐张左移,后一张右边压位前一张的左边,每张附件只粘左边的 0.6～1 cm 长,粘牢即可。最后还要在粘贴单的空白处分别写出每一类原始凭证的张数、单价与总金额。

(4) 复杂的会计事项,需要填制两张或两张以上的记账凭证时,应编写分号,即在原编记账凭证号码后面用分数的形式表示。

(四) 原始凭证的审核。一切原始凭证由经济业务当事人填写或取得后,应按规定程序将其有关联次(如会计联、记账联等)及时送交财会部门,以便进行审核并据以编制记账凭证。只有审核无误的原始凭证才能作为编制记账凭证和登记账簿的依据。原始凭证的审核包括以下两个方面:

(1) 形式上的审核。审核原始凭证是否符合规定的要求,凭证中所应具备的内容是否填列齐全,尤其是要审核是否真实可靠,数字计算是否正确,大、小写金额是否相符,数字和文字是否清晰,有关人员是否签章等。

(2) 实质上的审核。审核原始凭证的来源是否可靠,凭证所反映的经济业务是否合法、合规、合理,是否符合国家财经法规以及本单位制定的有关制度、预算和计划等;是否存在弄虚作假、贪污舞弊等行为;是否履行了规定的手续,有无背离经济效益原则和违反内部控制制度的现象等。

三、记账凭证操作规范

在会计工作中,"制单"即填制记账凭证。记账凭证是会计人员根据审核无误后的原始凭证或汇总原始凭证,按照经济业务的内容加以归类,用来确定会计分录,作为登记账簿依据的会计凭证。

(一) 记账凭证填制的规范。

(1) 日期。记账凭证上的日期一般填写编制记账凭证当天的日期。

(2) 编号。编号时均按自然数 1、2、3、4……顺序连续编号,一张记账凭证编一个号,不得跳号、重号。一项会计业务,需要填制两张或两张以上的记账凭证时,记账凭证的编号可采用分数编号法。

(3) 摘要。记账凭证摘要栏填写的基本要求是:真实准确、表述清楚、简明扼要、详略得当。对付款业务,要写明收付款对象的名称、款项的内容;使用银行支票,还应填写支票的名称及号码;对购买材料、商品业务,要写明供货单位和主要品种、数量;对预收、预付、应收、应付款的债权债务业务,应写明对方单位名称、业务经手人、发生时间等内容;对盘点溢余、短缺事项,应写明发生部门、原因及责任人;对冲销和补充业务,应写明被冲销或被补充的记账凭证的日期及编号。

(4) 会计科目。记账凭证中"会计科目(包括一级科目和二级科目)"栏,要写明一级科目、二级科目甚至三级科目名称,以便于登记总分类账和明细分类账。会计科目的对应关系要填写清楚,一般先填写借方科目,后填写贷方科目。

(5) 金额。记账凭证的金额必须与原始凭证的金额相符;在填写金额数字时,阿拉伯数字书写要规范,应平行对准借贷栏次和科目行次,同时还应对准数位栏次,防止错栏串行;金额的数字要填写到"分"位,如果角、分位没有数字的,要写"00"字样,角分位与元位的位置应在同一水平线上,不得上下错开;每笔经济业务填入金额数字后,要在记账凭证的合计行填写合计金额;一笔经济业务因涉及会计科目较多,需要填写多张记账凭证的,一般在最后一张记账凭证的合计行填写合计金额,并应在合计数前面加写人民币符号"¥"。不是合计数的金额前面不填写人民币符号。

(6) 附件。记账凭证一般都附有原始凭证,附原始凭证张数应用阿拉伯数字填写。其计数原则是:原始凭证没汇总的,按自然张数计算;汇总的原始凭证,按汇总单或汇总表的张数计算。

(7) 签名或盖章。记账凭证由制单人员填制完毕后,制单人员应在"制单"后签名或盖章,稽核人员应在"复核"后面签名或盖章,会计主管人员审核后应在"会计主管"后签名或盖章,记账人员根据审核无误的记账凭证登记账簿,并在记账凭证的"记账"后签名或盖章,以表示记账凭证已由记账员登记入账。对于收、付款业务的记账凭证,应由出纳员在其"出纳"后签名或盖章,以表示款项已经收付。

另外,记账凭证填制完经济业务事项后,如果有空行,应当自金额栏最后一笔金额数字下的空行处至合计数上的空行处划线注销。

记账凭证填制示范如表 4-3 所示。

表 4-3

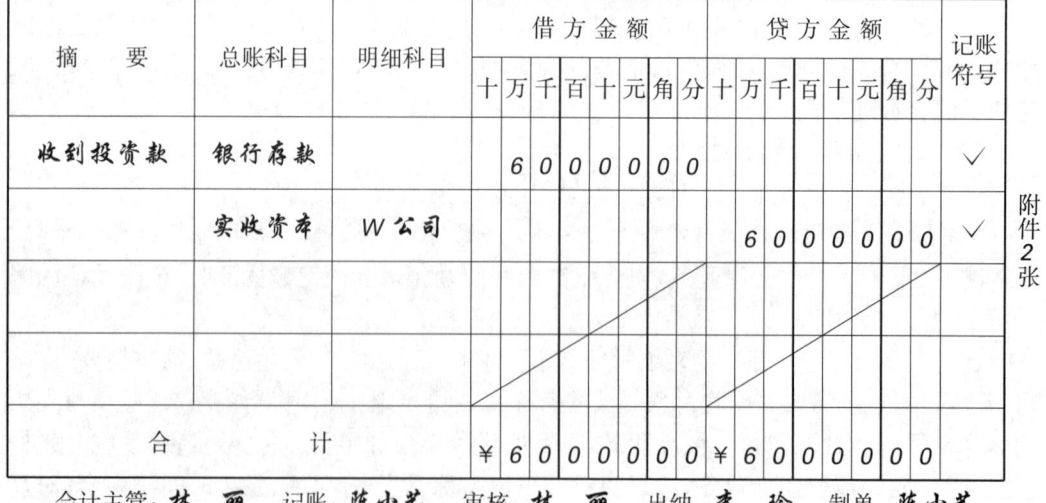

(二) 记账凭证错误的处理。

(1) 填制时发生错误的,应当重新填制。

(2) 已经登记入账的记账凭证,科目使用错误,在当年内发现:用红字填写一张与原来内容相同的记账凭证,在摘要栏注明"注销×月×日×号凭证";同时再用蓝字重新填制一张正确的记账凭证,在摘要栏注明"订正×月×日×号凭证"。

(3) 已经登记入账的记账凭证,科目使用没有错误,只是金额错误,在当年内发现:将正确数字与错误数字之间的差额,另编一张调整的记账凭证,调增金额用蓝字补充登记;调减金额用红字冲销。

(4) 发现以前年度记账凭证有错误:应当用蓝字填制一张更正的记账凭证予以更正。

(三) 记账凭证的审核。

(1) 内容是否真实。审核记账凭证是否附有依据的原始凭证,所附原始凭证是否经过审核且其内容与记账凭证的内容是否一致等。

(2) 项目是否齐全。审核凭证上是否有日期、凭证编号、摘要、会计科目、金额、所附原始凭证张数及有关人员签章等。

(3) 科目是否正确。审核记账凭证的应借、应贷科目是否正确,是否有明确的账户对应关系,所使用的会计科目是否符合有关会计制度的规定等。

(4) 金额是否正确。审核记账凭证所记录的金额与原始凭证的有关金额是否一致,所附原始凭证中的数量、单价、金额计算等是否正确。

(5) 书写是否规范。审核记账凭证中的记录是否文字工整、数字清晰,是否按规定使用蓝黑墨水,是否按规定进行更正等。

四、会计凭证的归档保管

会计凭证整理与装订的好坏,不但影响会计凭证外形的整齐美观,更重要的是其直接影响会计资料的安全、完整及会计凭证的保管与调阅。因此,会计人员在日常工作中应充分重视这项工作。

(一) 会计凭证的加工整理。

(1) 分类整理,按顺序排列,检查日期、编号是否齐全。

(2) 整理检查凭证顺序号,如有颠倒要重新排列,发现缺号要查明原因。再检查附件有否漏缺,领料单、入库单、工资、奖金发放单是否随附齐全。

(3) 记账凭证上有关人员(如财务主管、复核、记账、制单等)的印章是否齐全。摘除凭证内的金属物(如订书针、大头针、回形针),对大的张页或附件要折叠成同记账凭证大小,且要避开装订线,以便翻阅保持数字完整。

(4) 对于纸张面积大于记账凭证的原始凭证,可按记账凭证的面积尺寸,先自右向后,再自下向后两次折叠。注意应把凭证的左上角或左侧面让出来,以便装订后,还可以展开查阅。

(5) 对于纸张面积过小的原始凭证,一般不能直接装订,可先按一定次序和类别排列,再粘在一张同记账凭证大小相同的白纸上,粘贴时宜用胶水。证票应分张排列,同类、同金额的单据尽量粘在一起;同时,在一旁注明张数和合计金额。如果是板状票证,可以将票面票底轻轻撕开,厚纸板弃之不用。

(6) 对于纸张面积略小于记账凭证的原始凭证,可先用回形针或大头针别在记账凭证后面,待装订时再抽去回形针或大头针。有的原始凭证不仅面积大,而且数量多,可以单独装订,如工资单、耗料单等,但在记账凭证上应注明保管地点。

(7) 按凭证汇总日期归集(如按上、中、下旬汇总归集)确定装订成册的本数。

(二) 会计凭证的装订及操作方法。

1. 会计凭证的装订要求。

会计凭证的装订是指把定期整理完毕的会计凭证按照编号顺序,外加封面、封底,装订成册,并在装订线上加贴封签。在封面上,应写明单位名称、年度、月份、记账凭证的种类、起讫日期、起讫号数,以及记账凭证和原始凭证的张数,并在封签处加盖会计主管的骑缝图章。会计凭证装订的要求是既美观大方又便于翻阅,所以在装订时要先设计好装订册数及每册的厚度。一般来说,一本凭证,厚度以 1.5～2.0 cm 为宜,原则上以月份为单位装订,每月订成一册或若干册。

2. 会计凭装订操作的具体步骤。

(1) 将凭证封面和封底裁开,分别附在凭证前面和后面,再拿一张质地相同的纸(可以再找一张凭证封皮,裁下一半用,另一半为订下一本凭证备用)放在封面上角,做护角线。

(2) 在凭证的左上角画一边长为 5 cm 的等腰三角形,用夹子夹住,用装订机在底线上分布均匀地打两个眼儿。

(3) 用大针引线绳穿过两个眼儿。如果没有针,可以将回形别针顺直,然后将两端折向同一个方向,将线绳从中间穿过并夹紧,即可把线引过来,因为一般装订机打出的眼儿是可以穿过的。

(4) 在凭证的背面打线结。线绳最好在凭证中端系上。

(5) 将护角向左上侧折,并将一侧剪开至凭证的左上角,然后抹上胶水。

(6) 向后折叠,并将侧面和背面的线绳扣粘死。

(7) 待晾干后,在凭证本的脊背上面写上"某年某月第几册共几册"的字样。装订人在装订线封签处签名或者盖章。

(三) 会计凭证的保管。

会计凭证是重要的会计档案和经济资料,每个单位都要建立保管制度,妥善保管。对各种会计凭证要分门别类、按照编号顺序整理,装订成册。封面上要注明会计凭证的名称、起讫号、时间以及有关人员的签章。要妥善保管好会计凭证,在保管期间会计凭证不得外借,对超过所规定期限(一般是 15 年)的会计凭证,要严格依照有关程序销毁。需永久保留的有关会计凭证,不能销毁。

五、会计账簿操作规范

企业各项经济业务编制会计分录以后,应记入有关账户,这个记账步骤通常称为"过账",或称为账簿登记。登记账簿作为会计核算的重要环节,必须严格以记账凭证为依据,并且要定期结账。

(一) 会计账簿的登记要点。

1. 填写项目齐全,内容完整。登记账簿时,需将账页中的日期、凭证编号、摘要、金额等项目填写齐全,摘要简明扼要,书写规范整齐,数字清晰无误。账簿中的月、日应填写记账凭证的日期,每一笔记账凭证中的业务登记完毕,都应在记账凭证"过账"栏内画"√",

表示记账完毕,避免重记、漏记。在登记账簿时,账簿登记人员在登记账簿前,应根据岗位责任制和内部牵制要求对审核过的记账凭证再复核一遍,如发现记账凭证有错误,可暂停登记,报告会计主管人员,由他作出修改或照登决定。在任何情况下,凡不兼任填制记账凭证工作的记账人员都不得自行更改记账凭证。

2. 账簿的登记依据正确。

(1)现金日记账和银行存款日记账。一般由出纳人员根据审核无误的与现金、银行存款收付业务有关的记账凭证逐日逐笔登记。

银行存款日记账的登记如表4-4所示。

表4-4

银行存款日记账

2024年		凭证号数	摘要	对方科目	收入									支出									结存								
月	日				百	十	万	千	百	十	元	角	分	百	十	万	千	百	十	元	角	分	百	十	万	千	百	十	元	角	分
12	1		期初余额																					1	1	0	0	0	0	0	0
12	1	1	收到投资款	实收资本		4	0	0	0	0	0	0	0											5	1	0	0	0	0	0	0
	2	3	借入款项	长期借款		3	0	0	0	0	0	0	0											8	1	0	0	0	0	0	0
	30	8	提取现金	库存现金											1	0	0	0	0	0	0	0										
	30	13	销货款	主营业务收入		2	8	0	8	0	0	0	0											9	9	0	8	0	0	0	0
			本月合计			9	8	0	8	0	0	0	0		1	0	0	0	0	0	0	0									
			本年累计		8	0	4	2	5	0	0	0	0	5	6	3	7	0	0	0	0	0									
			结转下年																												

(2)总分类账。由于各企业账务处理程序不同,总分类账可以根据记账凭证直接登记,也可以根据科目汇总表或其他方式登记。

总分类账(总账)登记示范如表4-5所示。

(3)明细分类账。根据审核无误后的、与现金和银行存款收付业务无关的记账凭证或原始凭证登记。

明细分类账登记示范如表 4-6 所示。

表 4-5

编号 6602

科目 管理费用

总　账　会计　记账 吕一

总页＿＿＿ 分页＿＿＿

2024年		凭证号数	摘要	日页	借(收入)方 百十万千百十元角分	贷(付出)方 百十万千百十元角分	借或贷	余额 百十万千百十元角分
月	日							
12	10	汇1	1~10日发生额		68000		借	68000
12	31	汇3	21~31日发生额		584083	590883	平	
			本月合计		590883	590883		
			本年累计		6980659 6	6980659 6		

3. 书写规范。为了保持账簿记录的持久性，防止涂改，记账必须使用蓝黑墨水或碳素墨水，并用钢笔书写，不得使用圆珠笔或铅笔书写，除结账、改错、冲账、登记减少数可以使用红笔登记外，其余账簿记录均不得使用红色墨水。在书写文字和数字时，不要写满格，一般应占格距的 1/2，这样就可以在发现错误时，在该文字和数字的上面进行更正。

4. 保持连续登记。记账时，必须按账户页次逐页逐行登记，不得跳页、隔行，如无意发生隔行、跳页现象，应在空页、空行处用红色墨水画对角线注销，加盖"此页空白"或"此行空白"的戳记，并由记账人员签章。每一账页记录完毕结转下页时，为表现账目的连续性，应当结出本页合计数及余额，并在本页最后一行摘要栏注明"过次页"，在下页第一行摘要栏注明"承前页"，并将上页余额及发生额过入次页；也可以上页最后一行不结计发生额合计及余额，而直接在次页第一行承前页写出发生额合计数及余额。

财政部《会计基础工作规范》对于"过次页"的本页合计数的结计方法做了如下具体规定：

第一，对现金、银行存款和收入、费用明细账等需要按月结计发生额账户，结计"过次页"的本页合计数应当是自本月初起至本页末止的发生额合计数。

第二，对需要结计本年累计发生额的某些明细账户，结计"过次页"的本页合计数应当是自年初起至本页末止的累计发生额。

第三，对不需按月和按年结计发生额的账户，可以只将每页末的余额结转次页。

5. 余额结计要求。凡需要结出余额的账户，结出余额后，应在"借或贷"栏内写明"借""贷"表明余额方向，并在"余额"栏内写清余额金额。没有余额的账户，应当在"借或

库存商品明细账

表 4-6 编号 140501 页次 1
名称 诺寒 Jetta 规格 ___ 计量单位 个 存放地点 ___

2024年		凭证号数	摘要	收入 数量	收入 平均单价	收入 金额	付出 数量	付出 平均单价	付出 金额	结存 数量	结存 平均单价	结存 金额
月	日											
12	1		期初结存							2 500	12.00	30 000 00
12	3		销售发出产品				800			1 700		
12	7		销售退回	2 700			600			2 300		
12	9		A产品完工验收入库							5 000		
12	29		销售发出产品	4 800			4 400			600		
12	30		完工入库							5 400		
12	31	79	结转完工产品成本			9 621 00				5 400	12.621	68 153 40
12	31	81	结转已销产品成本						58 056 60			
12	31		本月合计	7 500	12.828	9 621 00	4 600	12.621	58 056 60			
12	31		结转下年									

贷"栏内写"平"字,并在余额栏内"元"字的位置用"0"表示。

(二)会计账簿的装订。

1. 装订前准备。账簿装订前,首先按账簿启用表的使用页数核对各个账户是否相符、账页是否齐全、序号排列是否连续;然后按会计账簿封面、账簿启用表、账户目录、该账簿按页数顺序排列的账页、会计账簿装订封底的顺序装订。

2. 活页账簿装订要求。

(1) 保留已使用过的账页,将账页数填写齐全,去除空白页和撤掉账夹,用质量好的牛皮纸做封面、封底,装订成册。

(2) 多栏式活页账、三栏式活页账、数量金额式活页账等不得混装,按同类业务、同类账页装订在一起。

(3) 在本账的封面上填写好账目的种类,编好卷号,加盖会计主管人员和装订人(经办人)签章。

3. 账簿装订后的其他要求。

(1) 会计账簿应牢固、平整,不得有折角、缺角、错页、掉页、加空白纸的现象。

(2) 会计账簿的封口要严密,封口处要加盖有关印章。

(3) 封面应齐全、平整,并注明所属年度及账簿名称、编号,编号为一年一编,编号顺序为总账、库存现金日记账、银行存(借)款日记账、分户明细账。

(三)会计账簿的保管。

(1) 会计账簿一经使用,便是会计档案,订本式账簿中的账页,不得以任何理由撕掉。活页账簿不得抽换、缺少。在一个会计年度内,账簿尚未用完,不得以任何借口更换或使用空白账簿、账页重抄。如果由于特殊原因,账簿全部都模糊不清,可以重抄。但在重抄前,应报经总会计师或会计主管人员批准。抄好后,要仔细校对一遍,以防错抄、漏抄、重抄,原来账页要妥善保管,不得销毁。

(2) 会计账簿按保管期限分别编制卷号,如库存现金日记账全年按顺序编制卷号;总账、各类明细账、辅助账全年按顺序编制卷号。会计账簿的保管期限如下:总账(包括日记总账)30年;明细账30年;日记账30年;固定资产卡片在固定资产报废清理后5年;辅助账簿(备查簿)30年。

六、对账与结账

(一)对账的操作要求。

(1) 账证核对。账证核对主要是核对会计账簿记录与原始凭证、记账凭证、凭证字号、内容、金额是否一致,记账方向是否相符。

(2) 账账核对。账账核对是核对不同会计账簿之间的账簿记录是否相符,包括:总账有关账户的余额核对,总账与明细账核对,总账与日记账核对,会计部门的财产物资明细账与财产物资保管和使用部门的有关明细账核对等。

(3) 账实核对。账实核对是核对会计账簿记录与财产实有数额是否相符,包括:现金日记账账面余额与现金实际库存数相核对;银行存款日记账账面余额定期与银行对账单相核对;各种财产物资明细账账面余额与财产物资实存数额相核对;各种应收、应付明细账账面余额与有关债务、债权单位或个人相核对等。

（二）期末结账的操作要点。

结账，是在把一定时期内发生的全部经济业务登记入账的基础上，计算并记录本期发生额和期末余额。从结账的时间划分，可分为月结、季结和年结。

1. 月结的操作要点。

（1）日记账。库存现金、银行存款日记账，应按日结出余额，每日的最后一笔应自然结出当日余额，不必另起一行。

库存现金、银行存款日记账的月结方法。即在本月最后一笔记录下面划一条通栏单红线，并在下一行的摘要栏中居中书写"本月合计"，同时在该行结出本月发生额合计及余额，然后，在"本月合计"行下面再划一条通栏单红线。

（2）明细账。若某一明细账的业务量较大时，平时可每隔5天结一次余额。明细账在月结时应注意区别以下几种情况：

A. 本月没有发生额的账户，不必进行月结，不画结账红线。

B. 对需要按月结出本月发生额的账户，由于会计报表须填写本月发生额，都要结出"本月合计"发生额及余额，并在"本月合计"行下面画一条通栏单红线。

C. 对需要结计本年累计发生额的账户，按月结出本年累计发生额，在"本月合计"字样下划一条通栏单红线后，下面一行摘要栏注明"本年累计"字样，并结出发生额及余额，并在"本年累计"行下画一条通栏单红线。

D. 不需按月结计本月发生额的账户，在月末结出余额后，只需在本月最后一笔记录下面画一条通栏单红线，表示"本月记录到此结束"。

（3）总账。业务较多的总账账户，平时也可每隔5天结一次余额，月末结出月末余额，一般月末可不结计"本月合计"，结出月末余额后，只需在本月最后一笔记录下面画一条通栏单红线；表示"本月记录到此结束"。但若是需要结计"本月合计"及本年累计发生额的账户，其结账方法与上述明细账所述结账方法相同。

2. 年结的操作要点。

（1）各账户封账。年终结账时，各账户按上述方法进行月结的同时，为了反映全年各项资产、负债及所有者权益增减变动的全貌，便于核对账目，要将所有总账账户结计全年发生额和年末余额，在摘要栏内注明"本年合计"字样，并在该行下面画通栏双红线，表示"年末封账"。

（2）结转新账。结转下年时，凡是有余额的账户，都应在年末"本年累计"行下面画通栏双红线，在下面摘要栏注明"结转下年"字样，不需编制记账凭证，但必须把年末余额转入下年新账。转入下年新账时，应在账页第一行摘要栏内注明"上年结转"字样，并在余额栏内填写上年结转的余额。

对于新的会计年度建账，一般说来，总账、日记账和多数明细账应每年更换一次。但有些财产物资明细账和债权债务明细账，材料品种、规格和往来单位较多，更换新账工作量较大，因此，可以跨年度使用，不必每年更换一次，各种备查簿也可以连续使用。

七、会计报表编制规范

会计报表是以日常核算资料为主要依据，总括反映企业在一定时期内的经济活动情况和经营成果的书面报告，是会计信息的主要反映手段。

（一）编报要求。

数字必须真实,计算必须准确;内容必须完整,说明必须清楚;编报必须及时,手续必须完备;前后保持一致,不得随意变动。

（二）编报规范及保管。

（1）根据总账和明细账有关账户的余额填列,包括直接抄列、相加后填列、相减后填列,如资产负债表。

（2）根据总账和明细账有关账户的发生额填列,如利润表。

（3）会计报表的报送。企业应定期编制各种报表,并按编制要求完成。集中编制页数,加具封面,装订成册,经单位领导、总会计师或代理会计师职权的人员或会计主管人员签章,才能报送政府主管部门和其他报表使用者。

（4）会计报表分月装订,文字说明和财务情况说明书是会计报表的组成部分,应附会计报表之后,以免丢失。所有的会计报表资料应归档妥善保管。

第五部分　期初模拟资料

一、期初建账资料

设置和登记账簿,是会计核算工作的重要环节。在实际工作中建账工作一般都在年初进行,即每年年初结转旧账,建立新账。本实训是核算福州安达汽车配件有限公司2024年12月份的经济业务,需要以该企业12月1日账户期初余额为基础资料,完成总账、日记账及相关明细账的建账工作。

(一)福州安达汽车配件有限公司2024年12月1日有关总账期初资料(见表5-1)。

表 5-1

总分类账户期初余额表

2024 年 12 月 1 日　　　　　　　　　　　　　　　　　单位:元

科目号	账户名称	借方余额	贷方余额
1001	库存现金	988.85	
1002	银行存款	1 520 956.55	
1012	其他货币资金		
1101	交易性金融资产		
1121	应收票据	189 350.00	
1122	应收账款	350 000.00	
1123	预付账款		
1221	其他应收款	400.00	
1231	坏账准备		1 750.00
1402	在途物资	13 260.00	
1403	原材料	240 364.00	
1405	库存商品	383 014.00	
1411	周转材料	10 195.00	
1471	存货跌价准备		
1601	固定资产	7 476 129.21	
1602	累计折旧		644 706.19
1604	在建工程	300 000.00	
1606	固定资产清理		
1701	无形资产	1 800 000.00	

(续表)

科目号	账户名称	借方余额	贷方余额
1702	累计摊销		85 000.00
1901	待处理财产损溢		
2001	短期借款		
2201	应付票据		
2202	应付账款		363 000.00
2203	预收账款		
2211	应付职工薪酬		797 112.64
2221	应交税费		208 182.36
2231	应付利息		5 580.00
2232	应付股利		
2241	其他应付款		6 244.22
2501	长期借款		500 000.00
4001	实收资本		8 000 000.00
4002	资本公积		
4101	盈余公积		165 890.00
4103	本年利润		1 294 097.31
4104	利润分配		294 790.11
5001	生产成本	81 695.22	
	合　　计	12 366 352.83	12 366 352.83

（二）福州安达汽车配件有限公司2024年12月1日有关日记账期初资料（见表5-2）。

表5-2

日记账期初余额

2024年12月1日

科目编码	科目名称	方　向	余　额
1001	库存现金	借	988.85
1002	银行存款	借	1 520 956.55

（三）福州安达汽车配件有限公司2024年12月1日有关明细账期初资料。

1.三栏式明细分类账期初资料（见表5-3）。

损益类账户一般采用多栏式明细账，但在本模拟实训中涉及的业务笔数比较少，因此本实训只要求"主营业务收入"和"主营业务成本"按二级科目开设三栏式明细账，其余的损益类账户，如"销售费用""财务费用""其他业务收入""其他业务成本""营业外收入""营业外支出""营业税金及附加""所得税费用""资产减值损失""公允价值变动损益"，只需按一级科目开设三栏式明细账进行逐笔登记即可。

表 5-3

三栏式明细分类账户期初余额表

2024 年 12 月 1 日

总账科目	明细科目	借方余额		贷方余额	
		总账	明细账	总账	明细账
交易性金融资产	成本				
	公允价值变动				
应收票据		189 350.00			
	银行承兑汇票				
	商业承兑汇票		189 350.00		
应收账款		350 000.00			
	福州海西机械公司		335 000.00		
	顶力机械有限公司		15 000.00		
	泉州动力机械公司				
其他应收款		400.00			
	报刊征订费		400.00		
	财产保险费				
	预借差旅费				
在途物资		13 260.00			
	原材料		13 260.00		
原材料		240 364.00			
	原主材料		195 610.00		
	辅助材料		10 418.00		
	燃料		30 040.00		
	包装材料		4 296.00		
库存商品		383 014.00			
	活塞 Jetta		210 714.00		
	活塞 Santana		90 496.00		
	活塞 Sail		81 804.00		
周转材料		10 195.00			
	包装物		5 995.00		
	低值易耗品		4 200.00		
固定资产		7 476 129.21			
	生产用		5 378 219.32		
	非生产用		2 097 909.89		

(续表)

总账科目	明细科目	借方余额		贷方余额
在建工程		300 000.00		
	仓库工程		300 000.00	
	安装工程			
无形资产		1 800 000.00		
	土地使用权		1 800 000.00	
应付票据				
	应付银行承兑汇票			
应付账款				363 000.00
	上海南贸易公司			350 000.00
	厦门联华石化公司			
	旺达化工公司			
	闽江包装品公司			
	江西天荣合金公司			13 000.00
预收账款				
	泉州动力机械公司			
应付职工薪酬				797 112.64
	工资			665 365.00
	职工福利			
	职工养老保险			52 556.40
	失业保险			2 919.80
	工伤保险			2 173.03
	生育保险			2 173.03
	医疗保险			40 391.54
	住房公积金			29 198.00
	职工教育经费			
	工会经费			2 335.84
应交税费				208 182.36
	未交增值税			187 000.00
	应交城建税			13 090.00
	应交教育费附加			5 610.00
	地方教育附加			1 870.00
	应交印花税			612.36
	应交个人所得税			

(续表)

总账科目	明细科目	借方余额	贷方余额
利润分配			294 790.11
	未分配利润		294 790.11
	提取法定盈余公积		
	应付利润		
生产成本	辅助生产成本(机修车间)		
	辅助生产成本(车队)		
制造费用	铸造车间		
	加工车间		
主营业务收入	活塞 Jetta		
	活塞 Santana		
	活塞 Sail		
主营业务成本	活塞 Jetta		
	活塞 Santana		
	活塞 Sail		

2. 数量金额式明细分类账户期初资料(见表 5-4 至表 5-7)。

本实训应开设数量金额式明细分类账的账户有"原材料""周转材料""库存商品"等存货类明细账。本实训分别由材料仓库管理员林小燕、产成品仓库管理员林红根据存货出入库单逐笔登记数量金额式明细账,月末与会计对账(相关的三栏式明细账)。

表 5-4

"原材料"明细账户期初余额

2024 年 12 月 1 日

种类	名称	规格型号	单位	数量	单价	金额
原主材料	纯铝	A00	千克	10 000	16.801	168 010.00
	硅		千克	2 000	13.80	27 600.00
辅助材料	切削液		千克	400	15.20	6 080.00
	液压油	46#	千克	300	12.18	3 654.00
	钢铁除油剂	986.1#	千克	50	13.68	684.00
燃料	柴油	0#	千克	2 000	6.66	13 320.00
	重油	180#	千克	4 000	4.18	16 720.00
包装材料	塑料膜	110×80	千克	300	14.32	4 296.00
合 计						240 364.00

表 5-5

"周转材料——包装物"明细账户期初余额
2024 年 12 月 1 日

明细账户	规格	计量单位	结存数量	单价	结存金额
活塞 Jetta 包装箱	595×400×200	个	300	11.36	3 408.00
活塞 Santana 包装箱	580×400×195	个	100	10.60	1 060.00
活塞 Sail 包装箱	560×380×190	个	150	10.18	1 527.00
合		计			5 995.00

表 5-6

"周转材料——低值易耗品"明细账户期初余额
2024 年 12 月 1 日

明细账户	计量单位	结存数量	单 价	结存金额
劳保鞋	双	50.00	56.00	2 800.00
耐热手套	副	280.00	5.00	1 400.00
合		计		4 200.00

表 5-7

"库存商品"明细账户期初余额
2024 年 12 月 1 日

明细账户	数量	计量单位	结存数量	单位生产成本	结存金额
活塞 Jetta	14 000	只	14 000	15.051	210 714.00
活塞 Santana	5 600	只	5 600	16.16	90 496.00
活塞 Sail	6 800	只	6 800	12.03	81 804.00
合		计			383 014.00

3. 多栏式明细账。

多栏式明细分类账有借贷式和合计式两种。本实训要求开设借贷式多栏明细账的账户有"应交税费——应交增值税"(见表 5-8),开设合计式多栏目明细账的有"生产成本——基本生产成本"(见表 5-9)、"管理费用"(见表 5-10)。

表 5-8

"应交税费——应交增值税"账户的明细栏目表

科目名称	借方栏目	贷方栏目
应交税费——应交增值税	进项税额 已交税金 转出未交增值税	销项税额 进项税额转出 转出未交增值税

表 5-9

"生产成本——基本生产成本"账户期初余额表

2024 年 12 月 1 日

在产品名称	成本项目			合 计
	直接材料	直接人工	制造费用	
活塞 Jetta	5 661.10	1 618.33	812.05	8 091.48
活塞 Santana	9 041.54	3 527.73	2 043.29	14 612.56
活塞 Sail	50 747.03	5 155.26	3 088.89	58 991.18
合 计	65 449.67	10 301.32	5 944.23	81 695.22

表 5-10

"管理费用"账户的明细栏目表

科目名称	应设置的主要明细栏目
管理费用	办公费、差旅费、折旧费、水电费、业务招待费、工资及福利费、职工教育经费、财产保险费、坏账损失、存货盘亏、无形资产摊销、其他

二、期初会计报表资料

（一）资产负债表年初有关资料（见表 5-11）。

表 5-11

资产负债表年初资料

资 产	期末余额	上年年末余额	负债所有者权益（或股东权益）	期末余额	上年年末余额
流动资产：			流动负债：		
货币资金		1 521 945.40	短期借款		
交易性金融资产			交易性金融负债		
衍生金融资产			衍生金融负债		
应收票据		189 350.00	应付票据		
应收账款		348 250.00	应付账款		363 000.00
预付款项			预收款项		
应收利息			合同负债		
应收股利			应付职工薪酬		797 112.64
其他应收款		400.00	应交税费		208 182.36
存货		728 528.22	应付利息		5 580.00
合同资产			应付股利		

(续表)

资　　产	期末余额	年初余额	负债所有者权益（或股东权益）	期末余额	年初余额
持有待售资产			其他应付款		6 244.22
一年内到期的非流动资产			持有待售负债		
其他流动资产			一年内到期的非流动负债		
流动资产合计		2 788 473.62	其他流动负债		
非流动资产：			流动负债合计		1 380 119.22
债权投资			非流动负债：		
其他债权投资			长期借款		500 000.00
长期应收款			应付债券		
长期股权投资			其中：优先股		
其他权益工具投资			永续债		
其他非流动金融资产			长期应付款		
投资性房地产			专项应付款		
固定资产		6 831 423.02	预计负债		
在建工程		300 000.00	递延收益		
工程物资			递延所得税负债		
固定资产清理			其他非流动负债		
生产性生物资产			非流动负债合计		500 000.00
油气资产			负债合计		1 880 119.22
无形资产		1 715 000.00	所有者权益（或股东权益）：		
开发支出			实收资本（或股本）		8 000 000.00
商誉			其他权益工具		
长期待摊费用			其中：优先股		
递延所得税资产			永续债		
其他非流动资产			资本公积		
非流动资产合计		8 846 423.02	减：库存股		
			其他综合收益		
			盈余公积		165 890.00
			未分配利润		1 588 887.42
			所有者权益（或股东权益）合计		9 754 777.42
资产总计		11 634 896.64	负债和所有者权益（或股东权益）总计		11 634 896.64

(二)利润表有关资料(见表 5-12)。

表 5-12

损益账户 2024 年 1～11 月份发生额及上年累计数

账户名称	2024 年 1～11 月累计发生额		2023 年度累计发生额	
	借 方	贷 方	借 方	贷 方
主营业务收入		19 169 700.00		19 361 397.00
其他业务收入		104 500.00		107 635.00
公允价值变动收益		142 246.00		92 459.90
投资收益		82 142.50		76 392.53
营业外收入		67 000.00		62 310.00
主营业务成本	13 639 957.50		13 776 357.08	
其他业务成本	27 434.00		28 257.02	
税金及附加	211 310.19		196 518.48	
销售费用	892 284.80		829 824.86	
管理费用	3 008 507.13		2 978 422.06	
财务费用	30 690.00		32 224.50	
资产减值损失			8 987.00	
营业外支出	29 941.80		11 078.47	
所得税费用	431 365.77		459 631.24	

第六部分　本月模拟资料

一、模拟企业 2024 年 12 月份经济业务一览表

模拟企业 2024 年 12 月份经济业务如表 6-1 所示。

表 6-1

模拟企业 12 月份经济业务一览表

业务序号	日期	业　务　内　容
1	12 月 1 日	领用现金支票等银行空白凭证(见业务 1)
2	12 月 1 日	提现金备用(见业务 2)
3	12 月 1 日	在证券交易所买入"中国太保"4 000 股(见业务 3)
4	12 月 1 日	取得工商银行一笔短期贷款(见业务 4)
5	12 月 1 日	支付财产保险费(见业务 5-1、业务 5-2、业务 5-3)
6	12 月 2 日	发放本月份职工生日礼金(见业务 6)
7	12 月 2 日	生产领用材料(见业务 7-1 至业务 7-4)
8	12 月 2 日	申办银行汇票,准备采购(见业务 8)
9	12 月 2 日	购买办公用品(见业务 9)
10	12 月 3 日	吸收投资(见业务 10-1、业务 10-2)
11	12 月 3 日	销售产品,收到银行承兑汇票(见业务 11-1 至业务 11-3)
12	12 月 3 日	支付广告费(见业务 12-1、业务 12-2)
13	12 月 3 日	上月购买的材料验收入库(见业务 13)
14	12 月 4 日	购买材料,收回退还银行汇票余款(见业务 14-1 至业务 14-3)
15	12 月 4 日	转销无法支付的前欠货款(见业务 15)
16	12 月 4 日	将收到的银行承兑汇票背书转让抵付欠货款(见业务 16-1、业务 16-2)
17	12 月 5 日	外购材料入库(见业务 17)
18	12 月 5 日	提现金备用(见业务 18)
19	12 月 5 日	赊购材料并验收入库(见业务 19-1、业务 19-2)
20	12 月 5 日	预借差旅费(见业务 20)
21	12 月 6 日	购买材料并验收入库(见业务 21-1 至业务 21-3)
22	12 月 6 日	产品完工验收入库(见业务 22)
23	12 月 7 日	在证券交易所卖出"中国太保"4 000 股(见业务 23)
24	12 月 7 日	支付仓库第二期工程款(见业务 24-1、业务 24-2)
25	12 月 7 日	生产领用材料(见业务 25-1 至业务 25-6)

(续表)

业务序号	日期	业务内容
26	12月8日	偿还欠货款(见业务26)
27	12月8日	向泉州动力机械有限公司预收销货款(见业务27-1、业务27-2)
28	12月8日	上月销售退回(见业务28-1至业务28-4)
29	12月9日	购买打印纸等办公用品(见业务29-1至业务29-3)
30	12月9日	向泉州动力机械有限公司发出商品(见业务30-1、业务30-2)
31	12月9日	支付捐款(见业务31-1、业务31-2)
32	12月10日	收到泉州动力机械有限公司尾款(见业务32)
33	12月10日	发放11月份工资并结转代扣款项(见业务33-1、业务33-2)
34	12月10日	银行代扣上月增值税(见业务34)
35	12月10日	银行代扣上月城市维护建设税、教育费附加等(见业务35-1、业务35-2)
36	12月10日	银行代扣上月工会经费(见业务36)
37	12月10日	银行代扣上月社会保险费(见业务37-1至业务37-3)
38	12月10日	报销职工培训费(见业务38)
39	12月10日	编制1～10日科目汇总表,登记总账(见业务39-1、业务39-2)
40	12月11日	购买工作服,并验收入库(见业务40-1至业务40-3)
41	12月11日	支付银行承兑汇票承兑手续费(见业务41)
42	12月11日	产品完工验收入库(见业务42)
43	12月11日	购入材料(见业务43-1至业务43-3)
44	12月12日	购入一台铣床,直接交付安装(见业务44-1至业务44-4)
45	12月12日	领用工作服(见业务45-1至业务45-4)
46	12月13日	支付铣床安装费(见业务46-1、业务46-2)
47	12月13日	赊购料未到(见业务47)
48	12月13日	交纳住房公积金(见业务48)
49	12月14日	材料入库(见业务49)
50	12月14日	购货退回(见业务50)
51	12月14日	经批准核销坏账一笔(见业务51)
52	12月15日	铣床已安装完毕,交付使用(见业务52)
53	12月15日	提现金备用(见业务53)
54	12月15日	报销差旅费(见业务54-1、业务54-2)
55	12月16日	购入材料(见业务55-1至业务55-3)
56	12月16日	销售并收款(见业务56-1至业务56-3)
57	12月17日	支付邮政快递费(见业务57)
58	12月17日	商业承兑汇票到期,收到款项(见业务58)
59	12月17日	购入包装物(见业务59-1至业务59-3)
60	12月17日	支付文本制作费(产品宣传单)(见业务60-1、业务60-2)

(续表)

业务序号	日期	业务内容
61	12月17日	材料入库(见业务61)
62	12月18日	领用材料(见业务62-1至业务62-8)
63	12月18日	支付业务招待费(见业务63-1、业务63-2)
64	12月18日	支付汽车修理费(见业务64-1、业务64-2)
65	12月18日	收到本月产成品仓库租金(见业务65-1、业务65-2)
66	12月19日	产品完工入库(见业务66)
67	12月20日	收到生产车间工人违章操作罚款(见业务67-1、业务67-2)
68	12月20日	编制11~20日的科目汇总表(见业务68-1、业务68-2)
69	12月21日	提现金备用(见业务69)
70	12月21日	发放职工困难补助(见业务70)
71	12月21日	销售产品,收到商业承兑汇票(见业务71-1至业务71-3)
72	12月21日	银行转入本公司工商银行存款户的利息收入(见业务72)
73	12月22日	购入材料(见业务73-1、业务73-2)
74	12月22日	偿还到期的长期借款(见业务74)
75	12月22日	将持有的商业承兑汇票办理贴现(见业务75)
76	12月23日	领用材料(见业务76-1、业务76-2)
77	12月23日	购入股票(见业务77)
78	12月24日	支付本月电话费(见业务78-1至业务78-3)
79	12月24日	产品完工入库(见业务79)
80	12月25日	车队报销汽油费(见业务80-1、业务80-2)
81	12月25日	支付保健费(见业务81)
82	12月26日	发放保健费(见业务82)
83	12月26日	申请报废溶铝炉一台,批准予以报废(见业务83)
84	12月26日	支付溶铝炉清理费(见业务84-1、业务84-2)
85	12月27日	支付宽带通信费(见业务85)
86	12月28日	报废溶铝炉残料变价出售(见业务86-1、业务86-2)
87	12月28日	结转固定资产清理净损益(见业务87)
88	12月28日	赊销产品(见业务88-1、业务88-2)
89	12月29日	现金盘点,发生长款(见业务89)
90	12月30日	现金长款转营业外收入(见业务90)
91	12月30日	支付本月电费(见业务91-1至业务91-3)
92	12月30日	支付本月水费(见业务92-1至业务92-3)
93	12月31日	发放车队出车补贴(见业务93-1、业务93-2)
94	12月31日	汇总"1~31"日"领料单",编制"发料汇总表"(见业务94-1至业务94-4)
95	12月31日	进行存货盘点清查,发现盘亏(见业务95)

(续表)

业务序号	日期	业 务 内 容
96	12月31日	根据厂部批复,进行核销存货盘亏的账务处理(见业务96)
97	12月31日	分配本月工资费用(见业务97-1、业务97-2)
98	12月31日	计算本月应交的社会保险费(见业务98-1至业务98-5)
99	12月31日	计算本月应负担的工会经费(见业务99-1、业务99-2)
100	12月31日	结转本月应负担的职工住房公积金(见业务100-1至业务100-3)
101	12月31日	计算并结转本月应交的增值税(见业务101)
102	12月31日	计算本月应负担的城乡维护建设税等各项地方税(费)(见业务102)
103	12月31日	交易性金融资产期末计量(见业务103)
104	12月31日	按应收账款余额的5‰计提本年度的坏账准备(见业务104)
105	12月31日	计提存货跌价准备(见业务105)
106	12月31日	计提固定资产折旧(见业务106)
107	12月31日	计算应摊销的无形资产(见业务107)
108	12月31日	摊销本月应负担的报刊征订费及厂房保险费(见业务108)①
109	12月31日	计算当月应负担的借款利息费用(见业务109)
110	12月31日	结转本月发生的职工福利费支出(见业务110)
111	12月31日	结转本月发生的职工教育经费支出(见业务111)
112	12月31日	分配辅助生产费用(见业务112-1、业务112-2)
113	12月31日	将制造费用按生产工时比例分配结转(见业务113-1、业务113-2)
114	12月31日	编制产品成本计算单,并结转完工入库产品成本(见业务114-1至业务114-5)
115	12月31日	编制销售产品成本计算单,并结转已销产品的成本(见业务115-1、业务115-2)
116	12月31日	计算应交的企业所得税(见业务116)
117	12月31日	将损益类中的支出账户本月净发生额转入"本年利润"账户(见业务117)
118	12月31日	将损益类中的收入账户的本月净发生额转入"本年利润"账户(见业务118)
119	12月31日	结转"本年利润"账户(见业务119)
120	12月31日	按全年净利润的10%提取法定盈余公积金(见业务120)
121	12月31日	按提取法定盈余公积后可分配利润的40%向投资者分配利润(见业务121)
122	12月31日	结转"利润分配"有关明细账户的余额(见业务122)
123	12月31日	编制21~31日科目汇总表,登记总账(见业务123-1、业务123-2)
124	12月31日	编制试算平衡表,进行期末对账和结账(见业务124-1、业务124-2)
125	12月31日	编制会计报表(见业务125-1至业务125-4)

二、会计综合模拟实训的原始凭证

以下是模拟企业12月份发生的经济业务,以原始凭证的形式给出,各业务号与模拟企业2024年12月经济业务一览表的业务序号相对应,以下凭证、表格可裁剪、装订。

---

① 在后文的摊销计算表中,当月摊销与剩余未摊的数据是站在账务处理之前的角度计算的。

业务 1

工商银行空白凭证领用单

领用日期：2024 年 12 月 1 日

领用单位	福州安达汽车配件有限公司		账号		789091245008004			
凭证名称	起始号码	讫止号码	单位	数量	单价	工本费	手续费	小计
现金支票	04242651	04242675	本	1	20.00	5.00	15.00	20.00
转账支票	12350526	12350551	本	1	20.00	5.00	15.00	20.00
进账单			本	1	3.00	3.00	0.00	3.00
人民币（大写）	肆拾叁元整				小计	￥13.00	￥30.00	￥43.00
		领用单位 经领人签章			身　份　证　号			
					350106196508182567 陈小艺			

（盖章：中国工商银行 福州南山支行 2024.12.1 转讫）

业务 2

**中国工商银行
现金支票存根**

支票号码　No：7472626

附加信息 ＿＿＿＿＿＿＿＿＿＿＿＿＿＿
＿＿＿＿＿＿＿＿＿＿＿＿＿＿＿＿＿＿
＿＿＿＿＿＿＿＿＿＿＿＿＿＿＿＿＿＿

签发日期　2024 年 12 月 1 日

收款人：

金　额：￥3 000.00

用　途：备用金

备　注：

单位主管　　　　　会计　李玲

业务3

上海证券中央登记结算公司

客户名称：福州安达汽车配件有限公司　　　　　　　日期：2024 年 12 月 1 日

601601	成交过户交割凭单		买
股东编号：328475		成交证券：中国太保	
电脑编号：83537		成交数量：4 000	
公司编号：726		成交价格：25.00	
申请编号：255		成交金额：100 000.00	③ 通知联
申报时间：10：30		标准佣金：150.00	
成交时间：11：50		过户费用：4.00	
上次余额：0（股）		印花税：	
本次成交 4 000（股）		应收金额：	
本次余额：4 000（股）		附加费用：	
本次库存：		实付金额：100 154	

（注：准备用于近期出售）

（福州南方证券交易所 业务专用章）

业务4

中国工商银行借款借据　②

No

借款人	福州安达汽车配件有限公司	身份证号	3	5	2	6	2	6	1	9	6	5	0	8	1	8	2	5	6	7
借款种类	短期、中长期	借款用途	流动资金					借款月利率					0.452%							
贷款账户账号	8796025789134825400528	存款账户账号						091245008004												

借款金额（人民币）	伍拾万元整	千	百	十	万	千	百	十	元	角	分
				¥5	0	0	0	0	0	0	0

借款日期	2024 年 12 月 1 日	还款方式	到期一次还本付息
还款日期		上列贷款已核准并转入你借款人存款户 转讫 （工商银行财会部门盖章）	

年	月	日	金　额
2025	6	1	伍拾万元整

借款人	（公章）	贷款人	（公章或合同专用章）
法定代表人　陈高明		法定代表人　张华	
（委托代理人）	（签章）	（委托代理人）	（签章）
经办人　林丽	（签章）	经办人　黄强	（签章）

借款人债务凭证　入账回单

业务 5-1

中国太平洋财产保险股份有限公司

CHINA PACIFIC PROPERTY INSURANCE CO. LTD.

财产保险综合保险单　　　（正本）　No:02—0027572

保险单号：

鉴于　__福州安达汽车配件有限公司__　（以下称被保险人）已向本公司投保财产保险综合险以及附加险,并按本保险条款约定交纳保险费,本公司持签发本保险单并同意依照财产保险综合险条款和附加险条款及其特别约定条件在本保险单保险责任期限内,承担被保险人下列标的的保险责任。

综合险	承保标的项目	标的坐落地址	以何种价值承保	保险金额(元)	费率(‰)	保险费(元)
		仓山区朝阳路666号厂房		763 200.00	0.5‰	381.60
	特约保险标的					

总保险金额(大写)　__柒拾陆万叁仟贰佰元整__　　　　　　　(小写)￥763 200.00

附加险	险别	承保标的项目	标的坐落地址	以何种价值承保	保险金额(元)	费率(‰)	保险费(元)

总保险费(大写)　__叁佰陆拾壹元陆角__　　　　　　　(小写)￥381.60

保险责任期限:自 2024 年 12 月 1 日零时起至 2025 年 12 月 1 日二十四时止

特别约定

注意:
1. 被保险人收到本保险单后请即核对,如有错误立即通知公司。
2. 财产保险投保单、投保标的明细表、风险情况表连同本保险单皆为本保险合同不可分割的组成部分。

中国太平洋财产保险股份有限公司福州分公司
公章
（盖章）
2024 年 12 月 1 日

经理:　　统计:　　会计:　　复核:__陈 三__　　制单:__李 鹏__　　核保:

业务 5-2

3503753140

福建增值税专用发票
发票联

№ 20780423

机器编号：349893332163　　　　　　　　开票日期：2024 年 12 月 1 日

购买方	名　称：福州安达汽车配件有限公司 纳税人识别号：350101768172805 地址、电话：福州市仓山区朝阳路 666 号 开户行及账号：中国工商银行福州南山支行 789091245008004	密码区	（略）

货物或应税劳务、服务名称	规格型号	单位	数量	单价	金　额	税率	税　额
*保险服务*企财险	*	批			360.00	6%	21.60
合　　计					¥360.00		¥21.60

价税合计（大写）　叁佰捌拾壹元陆角　　　　　　　　　（小写）¥381.60

销售方	名　称：中国太平洋财产保险股份有限公司福州支公司 纳税人识别号：91350100665081936M 地址、电话：福州市 则徐大道 600 号 83704200 开户行及账号：中国工商银行仓山支行 639870271576	备注	保单号：11989 33177 32098 49368

收款人：　　　复核：　　　开票人：陈 然　　　销售单位：（章）

税总函[2015]663号 广州东港安全印刷有限公司

第二联 发票联 购货方记账凭证

业务 5-3

中国工商银行网上银行电子回执

币种：人民币元　　　　日期：20241201　　　　凭证号：673854805

付款人	全称	福州安达汽车配件有限公司	收款人	全称	中国太平洋财产保险股份有限公司福州分公司
	账号	789091245008004		账号	639870271576
	开户行	中国工商银行福州南山支行		开户行	中国工商银行仓山支行
大写金额	叁佰捌拾壹元陆角		小写金额	381.60	
用途	付保险费		钞汇标志	钞	
摘要	自定义				

业务 6

职工生日礼金发放表

2024 年 12 月 2 日

序 号	姓　　名	金　　额	签　　字
1	林 丁	100	
2	陈志海	100	
3	曾示瞪	100	
4	林读飞	100	
5	李江炎	100	
6	郭成铭	100	（略）
7	陈建伟	100	
8	杨秀文	100	现金付讫
9	陈省辛	100	
10	吴玉平	100	
11	吴如青	100	
合　计		￥1 100.00	

复核：林　丽　　　　　　　　　　　制表：李　玲

业务 7-1

领　料　单

2024 年 12 月 2 日

领用部门	铸造车间		用　途	生产活塞 Jetta		
类　别	名称型号	计量单位	请领数量	实发数量	单　价	金　额
原主材料	纯铝 A00	千克	8 000	8 000		
原主材料	硅	千克	1 000	1 000		

保管：林小燕　　　　　　　　　　　经领人：王　华

② 会计记账联

业务 7-2

领 料 单

2024 年 12 月 2 日

领用部门	铸造车间		用　　途	生产活塞 Jetta	
类　　别	名称型号	计量单位	请领数量	实发数量	单价	金额
燃料	柴油 0#	千克	1 530	1 530		
燃料	重油 180#	千克	3 060	3 060		
辅助材料	液压油	千克	168	168		

保管：林小燕　　　　　　　　　　　　　　　　　　　　经领人：王华

② 会计记账联

业务 7-3

领 料 单

2024 年 12 月 2 日

领用部门	加工车间		用　　途	生产活塞 Sail	
类　　别	名称型号	计量单位	请领数量	实发数量	单价	金额
辅助材料	切削液	千克	30	30		
包装材料	塑料膜	千克	20	20		

保管：林小燕　　　　　　　　　　　　　　　　　　　　经领人：王　华

② 会计记账联

业务 7-4

包装物、低值易耗品出库单

领用部门：加工车间　　　　2024 年 12 月 2 日　　　　　　　　编号：21

编号	名　称	规　格	计量单位	出库数量	单价	总成本
B01	活塞 Jetta 包装箱	595×400×200	只	50		
B03	活塞 Sail 包装箱	560×380×190	只	100		

经领人：王　华　　　　　　　　　　　　　　　　　　　　保管人：林小燕

② 会计记账联

业务 8

中国工商银行　银行汇票申请书（存根）

申请日期　2024 年 12 月 2 日

申请人	福州安达汽车配件有限公司	收款人	上海南通贸易有限公司
账号或住址	789091245008004	账号或住址	65709858675081768
用途	支付购货款	代理付款行	中国工商银行福州市南山支行
汇票金额	人民币（大写）叁拾万元整	千百十万千百十元角分	￥300000000

上列款项请从我账户内支付

（福州安达汽车配件有限公司 财务专用章）
（陈明高 申请人盖章）

科　目(借)＿＿＿＿＿＿＿＿
对方科目(贷)＿＿＿＿＿＿＿＿
转账日期　　　　年　　月　　日
复核　　　　　　　记账

此联申请人留存

业务9

3503753140

福建增值税普通发票

发票联　　　　　　　　　　　　　　№ 20780435

机器编号：449893332177　　　　　　开票日期：2024 年 12 月 2 日

购买方	名　　　称	福州安达汽车配件有限公司	密码区	现金付讫（略）
	纳税人识别号	350101768172805		
	地址、电话	福州市仓山区朝阳路666号		
	开户行及账号	中国工商银行福州南山支行 789091245008004		

货物或应税劳务、服务名称	规格型号	单位	数量	单价	金　额	税率	税　额
档案盒		批			291.26	3%	8.74
装订机		批			203.88	3%	6.12
合　　计					￥495.14		￥14.86

价税合计（大写）	伍佰壹拾元整	（小写）￥510.00

销售方	名　　　称	福州新华阳文化用品商店	备注	校验码：66989 33177 32098 49208
	纳税人识别号	35060273594203		福州新华阳文化用品商店
	地址、电话	福州市则徐大道389号 83704200		35060273594203 发票专用章
	开户行及账号	中国工商银行仓山支行 639870271580		

收款人：　　　复核：　　　开票人：陈 然　　　销售单位：（章）

（注：办公室直接购买报销）

业务10-1

福州安达汽车配件有限公司
关于同意吸收投资人的决议

　　按照有关法律、法规，福州安达汽车配件有限公司全体股东于2024年12月3日召开会议研究，决定同意吸收福建天宏机械有限公司为企业投资人。

　　企业现有注册资本800万元，会议同意由福建天宏机械有限公司出资250万元，投资完成后企业注册资本达到1 000万元。各股东的持股比例确定如下：

　　福建汽车工业集团公司占总资本的32%
　　福州利佳工贸公司占总资本的28%
　　企业高层管理员陈高明占总股本的12%
　　林力占总股本的8%
　　福建天宏机械有限公司占总资本的20%

福州安达汽车配件有限公司董事会
2024 年 12 月 3 日

业务 10-2

中国工商银行 进账单（收账通知）

2024 年 12 月 3 日　　第　号

收款人	全称	福州安达汽车配件有限公司	付款人	全称	福建天宏机械有限公司
	账号	789091245008004		账号	60218507620338
	开户银行	工商银行福州南山支行		开户银行	工商银行宝龙支行

人民币（大写）：贰佰伍拾万元整　　￥2 500 000.00

票据种类	转账支票	票据张数	
票据号码	No:8932096		

单位主管　　会计　　复核　　记账

收款人开户行盖章：（中国工商银行福州南山支行 转讫 2024.12.3）

业务 11-1

3501056138

福建增值税专用发票

此联不作报销、扣税凭证使用

No 00992860

开票日期：2024 年 12 月 3 日

购买方	名称：浙江三青机械有限公司
	纳税人识别号：260101625768172
	地址、电话：杭州市东风路123号 83667552
	开户行及账号：农行杭州东风支行 0323685007021

密码区：（略）

货物或应税劳务、服务名称	规格型号	单位	数量	单价	金额	税率	税额
活塞 Jetta		只	10 000	21.00	210 000.00	13%	27 300.00
活塞 Sail		只	5 000	16.00	80 000.00	13%	10 400.00
合计					￥290 000.00		￥37 700.00

价税合计（大写）：叁拾贰万柒仟柒佰元整　　（小写）￥327 700.00

销售方	名称：福州安达汽车配件有限公司
	纳税人识别号：350101768172805
	地址、电话：福州市仓山区朝阳路666号
	开户行及账号：中国工商银行福州南山支行 789091245008004

备注

收款人：　　复核：　　开票人：王青　　销售单位：（章）

税总函[2015]664号 海南华鑫实业公司

第一联 记账联 销货方记账凭证

业务 11-2

银行承兑汇票　2　№ 0091318

签发日期(大写) 贰零贰肆年拾贰月叁日

出票人名称	浙江三青机械有限公司	收款人	全称	福州安达汽车配件有限公司
出票人账号	0323685007021		账号	789091245008004
付款行全称	中国农业银行杭州东风支行		开户银行	中国工商银行福州南山支行

出票金额	人民币(大写) 叁拾贰万柒仟柒佰元整	千百十万千百十元角分 ￥ 3 2 7 7 0 0 0 0

汇票到票日(大写)	贰零贰伍年壹月叁日	付款行	行号	5661045622
承兑协议编号	20191203255328-5		地址	杭州市西湖区中山路119号

本汇票请你行承兑，到期无条件付款。
出票人签章

本汇票已经承兑，到期日由本行付款。
复核　郭子沫　记账
备注：

此联收款人开户行向承兑行收取票款时作联行往账付出传票

业务 11-3

库存商品出库单

2024年12月3日　　　　　　　编号：58

编号	名称及规格	计量单位	出库数量	用途
01	活塞 Jetta	只	10 000	销售
03	活塞 Sail	只	5 000	销售

仓库管理员：林　红　　　　　　　经办人：李心怡

② 会计记账联

注 意 事 项

一、收款人必须将本汇票和解讫通知同时交开户银行,两者缺一无效。
二、本汇票经背书可以转让。

被背书人:	被背书人:
背书人签章 日期　年　月　日	背书人签章 日期　年　月　日

业务 12-1

福建增值税专用发票

3523086801

发票联　　　№20432136

开票日期：2024 年 12 月 3 日

税总函[2015]664号海南华鑫实业公司

购买方	名　称：福州安达汽车配件有限公司 纳税人识别号：350101768172805 地　址、电话：福州市仓山区朝阳路 666 号 开户行及账号：中国工商银行福州南山支行 789091245008004	密码区	（略）

货物或应税劳务、服务名称	规格型号	单位	数量	单价	金额	税率	税额
广告费					11 568.00	6%	694.08
合　计					¥11 568.00		¥694.08

价税合计（大写）　　壹万贰仟贰佰陆拾贰元零角捌分　　　（小写）¥12 262.08

销售方	名　称：福州市电视台 纳税人识别号：350105878654321 地　址、电话：福州市五一中路 181 号 83537525 开户行及账号：工商银行鼓楼支行 5621680216743	备注	（福州市电视台 发票专用章）

收款人：　　复核：　　开票人：邹友华　　销售单位：（章）

业务 12-2

中国工商银行
转账支票存根

支票号码　No:6739546806

附加信息

签发日期　2024 年 12 月 3 日

收款人：　福州市电视台

金　额：¥12 262.08

用　途：本月广告费

备　注：

单位主管　　　　会计 李玲

业务 13

入 库 单

2024 年 12 月 3 日

品种分类		原主材料		供应单位		泰和合金有限公司	
品　名	规　格	单　位	数　量	单　价	金　额	备　注	
硅		千克	1 000	13.26	13 260.00		

保管：林小燕　　　　　　　　　　　　　　　　核算员：

（备注：该入库材料为上月采购）

业务 14-1

2375813140

上海增值税专用发票

发票联　　　　　　　№ 20780435

开票日期：2024 年 12 月 4 日

税总函[2015]632号 上海市印刷有限公司

购买方	名　　称：福州安达汽车配件有限公司 纳税人识别号：350101768172805 地　址、电话：福州市仓山区朝阳路 666 号 开户行及账号：中国工商银行福州南山支行 789091245008004					密码区	（略）		
货物或应税劳务、服务名称	规格型号	单位	数量	单价	金　额		税率	税　额	
纯铝	AOO	千克	15 000	17.00	255 000.00		13%	33 150.00	
合　　计					255 000.00			33 150.00	
价税合计（大写）	贰拾捌万捌仟壹佰伍拾元整					（小写）¥288 150.00			
销售方	名　　称：上海南通贸易有限公司 纳税人识别号：21090273594203 地　址、电话：上海市中兴路 381 号 28967525 开户行及账号：工商银行中兴支行 6053680215007					备注	(上海南通贸易有限公司 21090273594203 发票专用章)		

收款人：　　　复核：　　　开票人：余 利　　　销售单位：（章）

第三联　发票联　购货方记账凭证

业务 14-2

2657110821

上海增值税专用发票
发票联

No 20436312

开票日期：2024 年 12 月 4 日

购买方	名　　称：福州安达汽车配件有限公司 纳税人识别号：350101768172805 地址、电话：福州市仓山区朝阳路 666 号 开户行及账号：中国工商银行福州南山支行 789091245008004	密码区	（略）

货物或应税劳务、服务名称	规格型号	单位	数量	单价	金　额	税率	税　额
纯铝运输费		千克	15 000	0.093	1 395.00	9%	125.55
合　计					￥1 395.00		￥125.55

价税合计（大写）　壹仟伍佰贰拾元零伍角伍分　　　　　　　　（小写）￥1 520.55

销售方	名　　称：上海市公路货运公司 纳税人识别号：230702705379065 地址、电话：上海市中华路 753 号 23155258 开户行及账号：工商银行中兴支行 626750212132	备注	（上海市公路货运公司 230702705379065 发票专用章）

收款人：　　　　复核：　　　　开票人：林萧　　　　销售单位：（章）

税总函[2015]632号 上海市印刷有限公司

第三联　发票联　购货方记账凭证

业务 14-3

中国工商银行
银行汇票（多余款收账通知） 4

付款期限 壹个月　　　　　　　　　　　　　　　汇票号码

出票日期（大写）	贰零贰肆年拾贰月贰日	代理付款行：工行福州南山支行	行号：329801
收款人：	上海南通贸易有限公司	账号：	65709858675081768
出票金额人民币（大写）	叁拾万元整		
实际结算金额人民币（大写）	贰拾捌万玖仟陆佰柒拾元零伍角伍分	千百十万千百十元角分 ￥ 2 8 9 6 7 0 5 5	
申请人：	福州安达汽车配件有限公司	账号：	789091245008004
出票行：工行　行号：329801	密押	多余金额	
备注：			
凭证付款		千百十万千百十元角分 ￥　　1 0 3 2 9 4 5	
出票行签章			

（中国工商银行 福州南山支行 2024.12.4 转）

左列退回多余金额已收入你账户内

此联出票行结清多余款后交申请人

业务 15

关于转销无法支付前欠
江西天荣合金公司货款的请示

公司领导：

  本公司应付江西天荣合金公司货款 13 000 元(人民币壹万叁仟元整)，因该公司已经破产倒闭，无法支付。根据有关财务制度的规定，申请将该应付账款转作营业外收入，请批准予以核销。

经研究决定，同意财务部意见。

2024 年 12 月 4 日

业务 16-1

收　　据

2024 年 12 月 4 日

今收到：福州安达汽车配件有限公司背书转让票号为№ 0091318 的银行承兑汇票(浙江三青机械有限公司签发)壹张，面值叁拾贰万柒仟柒佰元整(￥327 700.00)，抵付前欠材料款。

财务专用章
领收人：陈乔生

业务 16-2

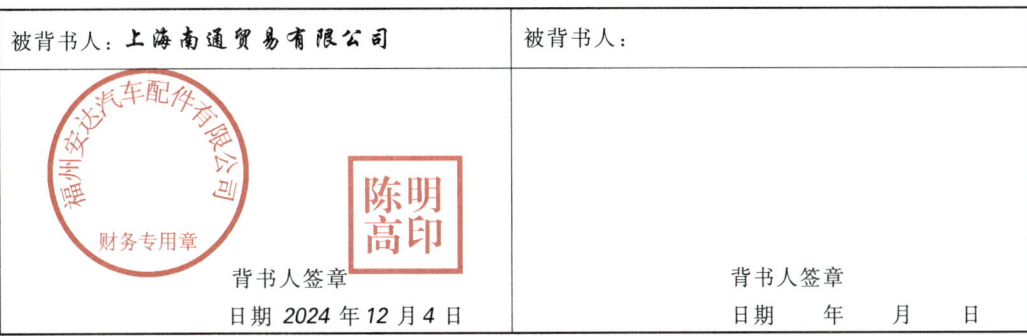

（注：银行承兑汇票背面复印件）

业务 17

入 库 单

2024 年 12 月 5 日

品种分类	原主材料		供应单位		上海南通贸易有限公司	
品　名	规　格	单　位	数　量	单　价	金　额	备　注
纯铝		千克	15 000	17.093	256 395.00	

保管：林小燕　　　　　　　　　　　　　　　　　核算员：

业务 18

中国工商银行
现金支票存根

支票号码　　　No：7472627

附加信息 _____

_____

_____

签发日期　2024 年 12 月 5 日

收款人：

金　额：￥8 000.00

用　途：备用金

备　注：

单位主管　　　　　　会计 李 玲

业务 19-1

福建增值税专用发票

3509643136

发票联

No 05050780

开票日期：2024年12月5日

购买方	名　　　称：福州安达汽车配件有限公司	密码区	（略）
	纳税人识别号：350101768172805		
	地　址、电话：福州市仓山区朝阳路666号		
	开户行及账号：中国工商银行福州南山支行 789091245008004		

货物或应税劳务、服务名称	规格型号	单位	数量	单价	金额	税率	税额
柴油	0#	千克	2 000	6.46	12 920.00	13%	1 679.60
合　计					￥12 920.00		￥1 679.60

价税合计（大写）	壹万肆仟伍佰玖拾玖元陆角整	（小写）￥14 599.60

销售方	名　　　称：厦门联华石化有限公司	备注	（厦门联华石化有限公司 21090273594203 发票专用章）
	纳税人识别号：21090273594203		
	地　址、电话：厦门市莲前路172号　87956686		
	开户行及账号：工商银行厦门莲前支行　3932697085330		

收款人：　　　　　复核：　　　　　开票人：黄银花　　　　　销售单位：（章）

税总函[2015]664号海南华鑫实业公司

第三联　发票联　购货方记账凭证

业务 19-2

入　库　单

2024年12月5日

品种分类	燃　料		供应单位	厦门联华石化有限公司		
品　名	规　格	单　位	数　量	单　价	金　额	备　注
柴油	0#	千克	2 000	6.46	12 920.00	

保管：林小燕　　　　　　　　　　　　　　　　　　核算员

业务 20

借 款 单 （记账）

2024 年 12 月 5 日　　　　　　　　　　　　顺序第 18 号

借款单位	办公室	姓名	王天利	职务	副厂长	出差地点	上海
						天　数	7
事由	开会			借款金额	人民币（大写）陆仟元整（小写）￥6 000.00		
借款人签章	王天利			注意事项	一、由借款人填写； 二、凡借用公款必须使用本单据； 三、第三联为正式借据由借款人和单位负责人签章； 四、出差返回后十日内结算。		
财务负责人	陈宏江			审核意见	同意。　　　现金付讫 　　　　　　　　　　　陈高明 　　　　　　　　　　2024.12.5		

第三联　借款记账凭证

业务 21-1

中国工商银行
转账支票存根

支票号码　No：6739546807

科　目　_____

对方科目　_____

签发日期　2024 年 12 月 6 日

收款人：福建燃料有限公司

金　额：￥28 815.00

用　途：付材料款

备　注：

单位主管　　　　　　会计　李玲
复　核　林丽　　　　记账

业务 21-2

福建增值税专用发票

3501254031

发票联　　　　　№ 00960377

开票日期：2024 年 12 月 6 日

购买方	名　称：福州安达汽车配件有限公司 纳税人识别号：350101768172805 地址、电话：福州市仓山区朝阳路 666 号 开户行及账号：中国工商银行福州南山支行 789091245008004	密码区	（略）

货物或应税劳务、服务名称	规格型号	单位	数量	单价	金额	税率	税额
180#	180#	千克	6 000	4.25	25 500.00	13%	3 315.00
合计					¥25 500.00		¥3 315.00

价税合计（大写）：贰万捌仟捌佰壹拾伍元整　　（小写）¥28 815.00

销售方	名　称：福建燃料有限公司 纳税人识别号：23982106027521 地址、电话：福州市连江路 129 号　83756132 开户行及账号：工商银行鼓山支行　30432738603952	备注	（福建燃料有限公司发票专用章）

收款人：　　　复核：　　　开票人：郭小燕　　　销售单位：（章）

税总函[2015]664号海南华鑫实业公司

第三联　发票联　购货方记账凭证

业务 21-3

入 库 单

2024 年 12 月 6 日

品种分类	燃　料		供应单位	福建燃料有限公司			
品　名	规　格	单　位	数　量	单　价	金　额	备　注
重油	180#	千克	6 000	4.25	25 500.00	

保管：林小燕　　　　　　　　　　　　　　　　　　核算员：

业务 22

库存商品入库单

交库部门：加工车间　　2024 年 12 月 6 日　　编号：88

编号	名称及规格	计量单位	入库数量	备注
01	活塞 Jetta	只	2 000	完工入库
03	活塞 Sail	只	13 000	完工入库

质量检验员：李　令　　仓库验收：林　红　　经办人：张庆明

② 会计记账联

业务 23

上海证券中央登记结算公司

客户名称：福州安达汽车配件有限公司　　2024 年 12 月 7 日

| 601601 | 成交过户交割凭单 | 卖 |

股东编号：A128463	成交证券：中国太保
电脑编号：83516	成交数量：4 000（股）
公司编号：731	成交价格：27.10
申请编号：219	成交金额：108 400.00
申报时间：9:35	标准佣金：162.60
成交时间：9:50	过户费用：
上次余额：4 000（股）	印花税：108.40
本次成交：4 000（股）	应收金额：
本次余额：0（股）	附加费用：

实收金额：￥108 129.00

（福州南方证券交易所 业务专用章）

③ 通知联

业务 24-1

福建增值税专用发票

3500821711

发票联　　№ 15089621

开票日期：2024 年 12 月 7 日

购买方	名称：福州安达汽车配件有限公司 纳税人识别号：350101768172805 地址、电话：福州市仓山区朝阳路 666 号 开户行及账号：中国工商银行福州南山支行 789091245008004	密码区	（略）

货物或应税劳务、服务名称	规格型号	单位	数量	单价	金额	税率	税额
仓库工程款					200 000.00	9%	18 000.00
合计					￥200 000.00		18 000.00

价税合计（大写）　　贰拾壹万捌仟元整　　　　　　　　（小写）￥218 000.00

销售方	名称：福州市第二建筑公司 纳税人识别号：350602705379065 地址、电话：福州市六一中路 253 号　85231258 开户行及账号：中国工商银行南山支行 789091245003251	备注	（福州市第二建筑公司发票专用章）

收款人：　　　复核：　　　开票人：李秀霞　　　销售单位：（章）

业务 24-2

托收凭证（付款通知）　5

委托日期 2024 年 12 月 7 日　　付款日期 2024 年 12 月 7 日

业务类型　委托收款（　邮划　电划）　托收承付（　邮划　✓电划）

付款人	全称	福州安达汽车配件有限公司	收款人	全称	福州市第二建筑公司
	账号	789091245008004		账号	789091245003251
	地址	福建省福州市　开户行 工行南山支行		地址	省福州市（县）开户行 工行南街支行

| 金额 | 人民币（大写） | 贰拾壹万捌仟元整 | 亿千百十万千百十元角分
￥2 1 8 0 0 0 0 0 |

| 款项内容 | 工程款 | 托收凭据名称 | | 附寄单证张数 | 1 张 |

商品发运情况　　　　　　　　合同名称号码

备注：　　（中国工商银行福州南山支行 2024.12.7 转）

付款人注意：
1. 根据支付结算办法，上列委托收款（托收承付）款项在付款期限内未提出拒付，即视为同意付款，以此代付款通知。
2. 如需提出全部或部分拒付，应在规定期限内，将拒付理由书并附债务证明退交开户银行。

付款人开户银行收到日期　　付款人开户银行签章
2024 年 12 月 7 日　　　　　　2024 年 12 月 7 日

业务 25-1

领 料 单

2024 年 12 月 7 日

领用部门	铸造车间		用途	生产活塞 Jetta	
类　别	名称型号	计量单位	请领数量	实发数量	单　价	金　额
原主材料	纯铝 A00	千克	6 830	6 830		
原主材料	硅	千克	910	910		

保管：林小燕　　　　　　　　　　　　　　　经领人：王　华

② 会计记账联

业务 25-2

领 料 单

2024 年 12 月 7 日

领用部门	加工车间		用　途	生产活塞 Jetta	
类　别	名称型号	计量单位	请领数量	实发数量	单　价	金　额
辅助材料	切削液	千克	230	230		
包装材料	塑料膜	千克	140	140		

保管：林小燕　　　　　　　　　　　　　　　经领人：王　华

业务 25-3

领 料 单

2024 年 12 月 7 日

领用部门	铸造车间		用　途	生产活塞 Santana	
类　别	名称型号	计量单位	请领数量	实发数量	单　价	金　额
原主材料	纯铝 A00	千克	6 000	6 000		
原主材料	硅	千克	500	500		

保管：林小燕　　　　　　　　　　　　　　　经领人：王　华

业务 25-4

领 料 单

2024 年 12 月 7 日

领用部门	铸造车间		用 途	生产活塞 Santana			
类 别	名称型号	计量单位	请领数量	实发数量	单 价	金 额	
燃料	柴油 0#	千克	1 000	1 000			
燃料	重油 180#	千克	2 000	2 000			
辅助材料	液压油 46#	千克	100	100			

保管：林小燕　　　　　　　　　　　　　　　　　经领人：王　华

业务 25-5

领 料 单

2024 年 12 月 7 日

领用部门	加工车间		用 途	生产活塞 Santana			
类 别	名称型号	计量单位	请领数量	实发数量	单 价	金 额	
包装材料	塑料膜	千克	30	30			

保管：林小燕　　　　　　　　　　　　　　　　　经领人：王　华

业务 25-6

包装物、低值易耗品出库单

领用部门：加工车间　　　　　*2024 年 12 月 7 日*　　　　　编号：22

编号	名　称	规　格	计量单位	出库数量	单 价	总成本
B01	活塞 Jetta 包装箱	595×400×200	只	220		
B02	活塞 Santana 包装箱	580×400×195	只	60		

经领人：王　华　　　　　　　　　　　　　　　　保管人：林小燕

业务 26

中国工商银行 电汇凭证（回单）

☐ 普通　☐ 加急　　委托日期：2024 年 12 月 8 日

汇款人	全称	福州安达汽车配件有限公司	收款人	全称	厦门联华石化有限公司
	账号	789091245008004		账号	3932697085330
	汇出地点	福建省福州市		汇入地点	福建省厦门市
	汇出行名称	工商银行福州南山支行		汇入行名称	工商银行厦门莲前支行

金额	人民币（大写）	壹万肆仟伍佰玖拾玖元陆角整	亿	千	百	十	万	千	百	十	元	角	分
							¥	1	4	5	9	9	6	0

支付密码：

附加信息及用途：偿还货款

汇出行签章　　　　复核：　　记账：

（中国工商银行 福州南山支行 2024.12.8 转讫）

此联汇出行给汇款人的回单

业务 27-1

购 销 合 同 书

2024 年 12 月 7 日　　　　　　　合同编号：978

购货方名称	泉州动力机械有限公司	销货方名称	福州安达汽车配件有限公司
电话及地址	泉州市西水路 256 号　75578352	电话及地址	福州市仓山区朝阳路 666 号　83856611
开户银行及账号	工行泉州西水支行　23604237021850	开户银行及账号	工商银行福州南山支行　789091245008004

品名	型号及规格	单位	数量	单价	金额	税（13%）
活塞	Santana	只	5 000	23.00	115 000.00	14 950.00
活塞	Sail	只	10 000	16.00	160 000.00	20 800.00
		合计（小写）¥ 310 750.00			275 000.00	35 750.00

合计（大写）叁拾壹万零柒佰伍拾元整

合同条款：
1. 交货日期及方式：预付款 80%（248 600.00）到账后 3 天内发货。
2. 结算方式：信汇。
3. 质量保证：质量不合格 3 个月内可退货。
4. 违约责任：购货方货到 3 天内付清尾款，未如期付款，每月按货款及税价总额 6% 支付罚金，销货方不能如期供货将按货款 30% 补付对方。

购货方：　　　　　　　　　　　　　　销货方：
购货方代表签名：林炎强　　　　　　　销货方代表签名：郑营

业务 27-2

中国工商银行信汇凭证（收账通知）

No 2587056

委托日期 2024 年 12 月 8 日　　　　　　　　　　第 365 号

汇款人	全称	泉州动力机械有限公司	收款人	全称	福州安达汽车配件有限公司
	账号	23604237021850		账号	789091245008004
	汇出地点	福建省泉州市		汇入地点	福建省福州市
	汇出行名称	工行泉州西水支行		汇入行名称	工商银行福州南山支行

人民币（大写）贰拾肆万捌仟陆佰元整　　　￥ 2 4 8 6 0 0 0 0

（中国工商银行 转讫 2024.12.8）

汇款用途：购货预付款

上列款项请在本人账户内支付，并按照汇兑结算规定汇给收款人。

汇款人盖章

科目（借）_____
对方科目（贷）_____
复核　　　　记账

此联收款人开户行在款项收妥后给收款人的收账通知

业务 28-1

3501056138
销项负数

福建增值税专用发票

此联不作报销、抵税凭证使用

No 0992861

开票日期：2024 年 12 月 8 日

购买方	名　称：福州正大机械有限公司 付款人识别：350113215697648 地　址、电话：福州市古田路 328 号 87956686 开户行及账号：工商银行南门支行 32703386950432	密码区	（略）

货物或应税劳务、服务名称	规格型号	单位	数量	单价	金额	税率	税额
活塞 Sail		只	—500	16.00	—8 000.00	13%	—1 040.00
合　计					￥—8 000.00		￥—1 040.00

价税合计（大写）　（负数）玖仟零肆拾元整　　（小写）￥—9 040.00

销售方	名　称：福州安达汽车配件有限公司 纳税人识别号：350101768172805 地　址、电话：福州市仓山区朝阳路 666 号 开户行及账号：中国工商银行福州南山支行 789091245008004	备注	对应正数发票代码：3501097023 号码：01030615

收款人：　　　复核：　　　开票人：王 青　　　销售单位：（章）

（注：此项销售退回的原销售时间为 2024 年 11 月 28 日）

税总函[2015]664号海南华鑫实业公司

第一联 记账联 销售方记账凭证

业务 28-2

```
┌─────────────────────────────────┐
│        中国工商银行              │
│        转账支票存根              │
│                                 │
│  支票号码   No：6739546808      │
│  科   目 _____       │
│  对方科目 _____       │
│  签发日期  2024 年 12 月 8 日   │
│  收款人：福州正大机械有限公司    │
│  金   额：￥9 040.00            │
│  用   途：退货款                │
│  备   注：                      │
│                                 │
│  单位主管          会计  李 玲  │
│  复  核  林 丽     记账         │
└─────────────────────────────────┘
```

业务 28-3

查询编号：0102320005203078　　　　　　　　　　付款人编码：208910300015

企业进货退出及索取折让证明单

仓山区国税退折证字〔2024〕第 000183 号

销售单位	全　称	福州安达汽车配件有限公司						
	付款人识别号	350101453122805						
标志	货物名称	单价	数量	金额	税额	折让金额	折让税额
退回	活塞 Sail	16	500	8 000.00	1 040.00		
退货或索取折让理由	发货有误，要求退货。 经办人：罗强海 单位签章： 2024 年 12 月 18 日				税务征收机关签章	经办人：王 群 2024 年 12 月 18 日	
购货单位	全　称	福州正大机械有限公司						
	付款人识别	350113215697648						

本表一式三份，一份付款人留存，一份销货单位留存，一份税务机关留存

第二联　交销货单位

业务 28-4

库存商品入库单

交库部门：销售科　　　2024 年 12 月 8 日　　　编号：89

编 号	名称及规格	计量单位	入库数量	备 注
03	活塞 Sail	只	500	销售退回

② 会计记账联

质量检验员：李 令　　　仓库验收：林 红　　　经办人：李 同

业务 29-1

3500821711

福建增值税专用发票

发票联　　　№ 15089621

开票日期：2024 年 12 月 9 日

税总函 [2015] 664 号 海南华鑫实业公司

购买方	名　称：	福州安达汽车配件有限公司				密码区	（略）	
	纳税人识别号：	350101768172805						
	地址、电话：	福州市仓山区朝阳路 666 号						
	开户行及账号：	中国工商银行福州南山支行 789091245008004						
货物或应税劳务、服务名称	规格型号	单位	数量	单价	金　额	税率	税　额	
打印纸	A4	箱	15	160.00	2 400.00	13％	312.00	
计算器	B-124	台	15	80.00	1 200.00	13％	156.00	
合　计					￥3 600.00		￥468.00	
价税合计（大写）		肆仟零陆拾捌元整				（小写）￥4 068.00		
销售方	名　称：	福州新华阳百货商场				备注		
	纳税人识别号：	35060273594203						
	地址、电话：	福州市台海路 13 号 85231258						
	开户行及账号：	建设银行台江支行 627502121326						

第三联　发票联　购货方记账凭证

收款人：　　　复核：　　　开票人：李 霞　　　销售单位：（章）

业务 29-2

中国工商银行
转账支票存根

支票号码　No：6739546809

科　目　_____

对方科目　_____

签发日期　2024 年 12 月 9 日

收款人：*福州新华阳百货商场*

金　额：￥4 068.00

用　途：*购办公用品*

备　注：

单位主管　　　　　　会计 *李 玲*

业务 29-3

办公用品领用单

2024 年 12 月 9 日

领用车间、部门	领 用 数 量		金　额
	打印纸	计算器	
管理部门	7	6	1 600.00
销售部门	4	5	1 040.00
铸造车间	1	1	240.00
加工车间	1	1	240.00
机修车间	1	1	240.00
车队	1	1	240.00
合　计	15	15	3 600.00

制表人：*黄 玲*　　　　　　　　　　　经办人：*马 红*

业务 30-1

福建增值税专用发票

3501056138

此联不作报销、扣税凭证使用　　　　No 00992862

开票日期：2024 年 12 月 9 日

购买方	名　　称：泉州动力机械有限公司 纳税人识别号：352501681725321 地　址、电话：泉州市西水路 256 号 75578352 开户行及账号：工行泉州西水支行 23604237021850	密码区	（略）

货物或应税劳务、服务名称	规格型号	单位	数量	单价	金　额	税率	税　额
活塞 Santana		只	5 000	23.00	115 000.00	13%	14 950.00
活塞 Sail		只	10 000	16.00	160 000.00	13%	20 800.00
合　计					￥275 000.00		￥35 750.00

价税合计（大写）　叁拾壹万零柒佰伍拾元整　　　　（小写）￥310 750.00

销售方	名　　称：福州安达汽车配件有限公司 纳税人识别号：350101768172805 地　址、电话：福州市仓山区朝阳路 666 号 开户行及账号：中国工商银行福州南山支行 789091245008004	备注	

收款人：　　　复核：　　　开票人：王 青　　　销售单位：（章）

税总函[2015]664号海南华鑫实业公司

第一联 记账联 销售方记账凭证

业务 30-2

库存商品出库单

2024 年 12 月 9 日　　　　编号：59

编号	名称及规格	计量单位	出库数量	用　途
02	活塞 Santana	只	5 000	销售
03	活塞 Sail	只	10 000	销售

仓库管理员：林 红　　　　经办人：李心怡

② 会计记账联

业务 31-1

收　据

2024 年 12 月 9 日

今收到：　福州安达汽车配件有限公司

交来：　　救灾捐赠款

合计人民币　叁万元整　　　￥：30 000.00

开票单位（公章）　　会计：梁友志　　收款人：李 心

第二联 交款凭证

业务 31-2

中国工商银行
转账支票存根

支票号码　　No：6739546810

附加信息 _____
　　　　　_____
　　　　　_____

签发日期　2024 年 12 月 9 日

收款人：福州市减灾委员会
金　额：￥30 000.00
用　途：救灾款
备　注：
单位主管　　　　　会计 李 玲

业务 32

中国工商银行信汇凭证（收账通知）

No 2597560

委托日期 2024 年 12 月 10 日　　　　　　　第 659 号

汇款人	全　称	泉州动力机械有限公司	收款人	全　称	福州安达汽车配件有限公司
	账　号	23604237021850		账　号	789091245008004
	汇出地点	福建省泉州市	汇出行名称	工行泉州西水支行	汇入地点	福建省福州市	汇入行名称	工商银行福州南山支行

人民币（大写）　陆万贰仟壹佰伍拾元整　　　千百十万千百十元角分
　　　　　　　　　　　　　　　　　　　　　　￥ 6 2 1 5 0 0 0

（中国工商银行 转讫 2024.12.10）

汇款用途：付购货尾款

科目（借）
对方科目（贷）

上列款项请在本人账户内支付，并按照汇兑结算规定汇给收款人。

汇款人盖章　　复核　　记账

此联收款人开户行在款项收妥后给收款人的收账通知

业务 33-1

中国工商银行
现金支票存根

支票号码　　No：7472628

附加信息＿＿＿＿＿＿＿＿＿＿＿＿＿＿＿
＿＿＿＿＿＿＿＿＿＿＿＿＿＿＿＿＿＿＿
＿＿＿＿＿＿＿＿＿＿＿＿＿＿＿＿＿＿＿

签发日期　*2024* 年 *12* 月 *10* 日

收款人：

金　额：￥598 031.61

用　途：*发工资*

备　注：

单位主管　　　　　　　会计　*李　玲*

业务 33-2

工 资 结 算 单

2024 年 11 月　　　　　　　　　　　　　单位:元

| 序号 | 姓名 | 基本工资 | 综合奖金 | 津贴 | 缺勤应扣工资 | 应付工资 | 代扣款项 | | | | | 实发工资 |
							个人所得税	养老保险	失业保险	医疗保险	住房公积金	
1	陈高明	4 500.00	950.00	1 397.50	35.00	6 812.50	176.70	360.00	22.50	90.00	450.00	5 713.30
2	林力	4 200.00	875.00	1 370.00	0.00	6 445.00	167.52	336.00	21.00	84.00	420.00	5 416.48
...	...	...	...	...	...	...	...	...	...	...	...	...
...	...	...	...	...	...	...	...	...	...	...	...	...
...	...	...	...	...	...	...	...	...	...	...	...	...
138	郭林道	1 800.00	750.00	935.00	0.00	3 485.00	0.00	144.00	9.00	72.89	180.00	3 079.11
合计		408 994.97	98 483.42	162 546.61	4 660.00	665 365.00	3 219.20	23 358.40	1 459.90	10 097.89	29 198.00	598 031.61

制表人：*黄　玲*

业务 34

福建省税库行横向联网电子缴税(费)凭证

征收机关：福州市仓山区税务局　　　　　　　　　　　　　　　税务
收款国库：福州市中心支库　　填发日期：20241210　　电子缴税号：350107030134289

纳税人识别号：350101768172805	纳税人账户名称：福州安达汽车配件有限公司
纳税人名称：福州安达汽车配件有限公司	纳税人账号：789091245008004
税款限缴期：20241215	纳税人开户银行：工商银行

缴款书交易号	预算科目代码	预算级次	税(费)种税目	金额
50106030139428	010106	共享	增值税(制造业)	￥187 000.00

纳税金额合计	大写：人民币壹拾捌万柒仟元整	小写：￥187 000.00

上列款项已划缴：扣缴日期：20241210
税款所属期：20241101—20241130　　　　银行盖章：　　　　经办：

打印次数：1　　　　　　　　　　　　　　　　　　　打印日期：20241210

（中国工商银行福州南山支行 2024.12.10 转讫）

业务 35-1

福建省税收库行横向联网电子缴税(费)凭证

征收机关：福州市仓山区税务局
收款国库：福州市中心支库　　填发日期：20241210　　电子缴税号：350134207038901

纳税人识别号：3501020121852	纳税人账户名称：福州安达汽车配件有限公司
纳税人名称：福州安达汽车配件有限公司	纳税人账号：789091245008004
税款限缴期：20241215	纳税人开户银行：工商银行

缴款书交易号	预算科目代码	预算级次	税(费)种税目	金额
10110150923	1010908	市级	城市维护建设税——市区(增值税附征)	￥13 090.00
10110150924	1030127	市级	教育费附加——增值税附征	￥5 610.00
10110150925	1030127	市级	地方教育附加——增值税附征	￥1 870.00
10110150926	1011119	市级	印花税——购销合同	￥612.36

纳税金额合计	大写：人民币贰万壹仟壹佰捌拾贰元叁角陆分	小写：￥21 182.36

上列款项已划缴：扣缴日期：20241210
税款所属期：20241101—20241130　　　　银行盖章：　　　　经办：

打印次数：1　　　　　　　　　　　　　　　　　　　打印日期：20241210

（中国工商银行福州南山支行 2024.12.10 转讫）

业务 35-2

福建省税库行横向联网电子缴税(费)凭证

征收机关：福州市仓山区税务局　　　　　　　　　　　　　　　　　地税

收款国库：福州市中心支库　　填发日期：20241210　　电子缴税号：350134207048248

纳税人识别码：350107705112469	纳税人账户名称：福州安达汽车配件有限公司
纳税人名称：福州安达汽车配件有限公司	纳税人账号：789091245008004
税款限缴期：20241215	纳税人开户银行：工商银行

缴款书交易号	预算科目代码	预算级次	税(费)种税目	金额
101060427	101060109	共享	个人所得税——工资薪金	￥3 219.20

纳税金额合计　大写：人民币叁仟贰佰壹拾玖元贰角整　　　　　　小写：￥3 219.20

上列款项已划缴：　扣缴日期：20241210

税款所属期：20241101—20241130　　　　　　银行盖章：　　　　经办：

打印次数：1　　　　　　　　　　　　　　　　　　　　　　打印日期：20241210

（中国工商银行 福州南山支行 2024.12.10 转讫）

业务 36

福建省税库行横向联网电子缴税(费)凭证

征收机关：福州市仓山区税务局　　　　　　　　　　　　　　　　　地税

收款国库：福州市中心支库　　填发日期：20241210　　电子缴税号：350134207048267

纳税人识别码：350107705112469	纳税人账户名称：福州安达汽车配件有限公司
纳税人名称：福州安达汽车配件有限公司	纳税人账号：789091245008004
税款限缴期：20241215	纳税开户银行：工商银行

缴款书交易号	预算科目代码	预算级次	税(费)种税目	金额
103374027	103029901	市级	工会经费——地方工会	2 335.84

纳税金额合计　大写：人民币贰仟叁佰叁拾伍元捌角肆分　　　　　　小写：￥2 335.84

上列款项已划缴：　扣缴日期：20241210　　　　税票号码：350102108890030058

税款所属期：20241101—20241130　　　　　　银行盖章：　　　　经办：

打印次数：1　　　　　　　　　　　　　　　　　　　　　　打印日期：20241210

（中国工商银行 福州南山支行 2024.12.10 转讫）

业务 37-1

福建省税库行横向联网电子缴税(费)凭证

征收机关：福州市仓山区税务局
收款国库：福州市中心支库　　填发日期：20241210　　电子缴税号：350134207048235

纳税人识别码： 350107705117856	纳税人账户名称：福州安达汽车配件有限公司
纳税人名称：福州安达汽车配件有限公司	纳税人账号：789091245008004
税款限缴期：20241215	纳税人开户银行：工商银行

缴款书交易号	预算科目代码	预算级次	税(费)种税目	金额
1020609110150793	1020101	省级	基本养老保险费——单位	52 556.40
1020609110150794	1020101	省级	基本养老保险费——职工个人	23 358.40
1020609110150795	1020201	省级	失业保险费——单位	2 919.80
1020609110150796	1020201	省级	失业保险费——职工个人	1 459.90

纳税金额合计　大写：人民币捌万零贰佰玖拾肆元伍角整　　小写：￥80 294.50

上列款项已划缴：　扣缴日期：20241210
税款所属期：20241101—20241130　　银行盖章：　　经办：

打印次数：1　　　　　　　　　　　　　　　　　　　　打印日期：20241210

（中国工商银行福州南山支行　2024.12.10　转讫）

业务 37-2

福建省税收库行横向联网电子缴税(费)凭证

征收机关：福州市仓山区税务局
收款国库：福州市中心支库　　填发日期：20241210　　电子缴税号：350134207048235

纳税人识别码： 350107705117856	纳税人账户名称：福州安达汽车配件有限公司
纳税人名称：福州安达汽车配件有限公司	纳税人账号：789091245008004
税款限缴期：20241215	纳税人开户银行：工商银行

缴款书交易号	预算科目代码	预算级次	税(费)种税目	金额
1020609110150798	1020401	省级	生育保险费	2 173.03
1020609110150795	1020501	省级	医疗保险费——单位	40 391.54
1020609110150796	1020601	省级	医疗保险费——职工个人	10 097.89

纳税金额合计　大写：人民币伍万贰仟陆佰陆拾贰元肆角陆分　　小写：￥52 662.46

上列款项已划缴：　扣缴日期：20241210
税款所属期：20241101—20241130　　银行盖章：　　经办：

打印次数：1　　　　　　　　　　　　　　　　　　　　打印日期：20241210

（中国工商银行福州南山支行　2024.12.10　转讫）

业务 37-3

福建省税收库行横向联网电子缴税(费)凭证

征收机关：福州市仓山区地税
收款国库：福州市中心支库　　　填发日期：20241210　　　电子缴税号：350134207048235

纳税人识别码	350107705117856		纳税人账户名称	福州安达汽车配件有限公司
纳税人名称	福州安达汽车配件有限公司		纳税人账号	789091245008004
税款限缴期	20241215		纳税人开户银行	工商银行

缴款书交易号	预算科目代码	预算级次	税(费)种税目	金额
1020609110150797	1020701	省级	工伤保险费	2 173.03

纳税金额合计　大写：人民币贰仟壹佰柒拾叁元零叁分　　　　小写：￥2 173.03

上列款项已划缴：　扣缴日期：20241210
税款所属期：20241101－20241130　　　　银行盖章：　　　经办：

打印次数：1　　　　　　　　　　　　　　　　　　　　　打印日期：20241210

（印章：中国工商银行福州南山支行 2024.12 转讫）

业务 38

3502210082　　　　福建增值税专用发票　　　　　No 06250876

发票联　　　　　　　　　　　　　　　　　　　开票日期：2024 年 12 月 9 日

税总函[2015]668号海南华鑫实业公司

| 购买方 | 名　称：福州安达汽车配件有限公司
纳税人识别号：350101768172805
地址、电话：福州市仓山区朝阳路 666 号
开户行及账号：中国工商银行福州南山支行　789091245008004 | 密码区 | （略） |

货物或应税劳务、服务名称	规格型号	单位	数量	单价	金额	税率	税额
培训费					2 380.00	6%	142.80
合　计					￥2 380.00		￥142.80

价税合计（大写）　　　贰仟伍佰贰拾贰元捌角零分　　　　（小写）￥2 522.80

（印章：现金付讫）

| 销售方 | 名　称：厦门国家会计学院
纳税人识别号：350101325430931
地址、电话：厦门市中山路 358 号 80420088
开户行及账号：中信银行平安支行
73418702715800057897 | 备注 | （印章：厦门国家会计学院 350101325430931 发票专用章） |

收款人：　　　复核：　　　开票人：吴 天　　　销售单位：（章）

（注：实际报销时间为 2024 年 12 月 10 日）

第三联　发票联　购货方记账凭证

业务 39-1

科 目 汇 总 表

年 月 日 — 年 月 日　　　　　　No汇

科目编号	科目名称	借方发生额	贷方发生额	过　账
	合　　计			

记账：　　　　　　　　　　审核：　　　　　　　　　　制表：

业务 39-2

科 目 汇 总 表

年 月 日 — 年 月 日　　　　　　No汇

科目编号	科目名称	借方发生额	贷方发生额	过　账
合　计				

记账：　　　　　　　　　　审核：　　　　　　　　　制表：

业务 40-1

福建增值税专用发票

3571100821

发票联　　　　　　№ 16250891

开票日期：2024 年 12 月 11 日

购买方	名　称：福州安达汽车配件有限公司 纳税人识别号：350101768172805 地址、电话：福州市仓山区朝阳路 666 号 开户行及账号：中国工商银行福州南山支行 　　　　　　　789091245008004	密码区	（略）

货物或应税劳务、服务名称	规格型号	单位	数量	单价	金额	税率	税额
工作服		套	300	150.00	45 000.00	13%	5 850.00
合　计					￥45 000.00		￥5 850.00

价税合计（大写）	伍万零捌佰伍拾元整	（小写）￥50 850.00

销售方	名　称：福州元洪东方百货商场 纳税人识别号：350101325430931 地址、电话：福州市东达路 78 号　83125528 开户行及账号：建设银行台江支行　675021213262	备注	（福州元洪东方百货商场 350101325430931 发票专用章）

收款人：　　　　复核：　　　　开票人：吴 天　　　　销售单位：（章）

税总函[2015]664号海南华鑫实业公司

业务 40-2

中国工商银行
转账支票存根

支票号码　No: 6739546811

科　目 _____

对方科目 _____

签发日期　2024 年 12 月 11 日

收款人：**福州元洪东方百货商场**

金　额：**￥50 850.00**

用　途：

备　注：

单位主管　　　　　　会计　**李 玲**

复　核　**林 丽**　　　记账

业务 40-3

入 库 单

2024 年 12 月 11 日

品种分类		低值易耗品		供应单位		福州元洪东方百货	
品　名	规　格	单　位	数　量	单　价	金　额		备　注
工作服		套	300	150	45 000.00		

保管：林小燕　　　　　　　　　　　　　　　　核算员：

业务 41

中国工商银行 凭证费、手续费、邮电费收费凭证　　№ 00777

单位名称：福州安达汽车配件有限公司

账　号：789091245008004

凭证名称	数量	单价	凭证费	手续费	邮电费	合　计
银行承兑汇票				￥112.58		￥112.58
合　　计				￥112.58		￥112.58

合计人民币（大写）：壹佰壹拾贰元伍角捌分

中国工商银行
福州南山支行
2024.12.11
转讫

中国工商银行（盖章）

业务 42

库存商品入库单

交库部门：加工车间　　　2024 年 12 月 11 日　　　编号：90

编　号	名称及规格	计量单位	入库数量	备　注
01	活塞 Jetta	只	18 000	完工入库
02	活塞 Santana	只	3 000	完工入库

质量检验员：李　令　　　仓库验收：林　红　　　经办人：张庆明

② 会计记账联

业务 43-1

3501403125

福建增值税专用发票

发票联

No 00950936

开票日期：2024 年 12 月 11 日

购买方	名　　　称：福州安达汽车配件有限公司 纳税人识别号：350101768172805 地　址、电　话：福州市仓山区朝阳路 666 号 开户行及账号：中国工商银行福州南山支行 　　　　　　　　789091245008004	密码区	（略）

货物或应税劳务、服务名称	规格型号	单位	数量	单价	金　额	税率	税　额
硅		千克	3 000	12.9	38 700.00	13%	5 031.00
合　计					￥38 700.00		￥5 031.00

价税合计（大写）　　肆万叁仟柒佰叁拾壹元整　　　　　　　　（小写）￥43 731.00

销售方	名　　　称：泰和合金有限公司 纳税人识别号：35060273594203 地　址、电　话：三明泰宁水南路　235 号　6898352 开户行及账号：工商银行泰宁支行　34104238507021	备注	（发票专用章） 泰和合金有限公司 35060273594203

收款人：　　　　复核：　　　开票人：王　力　　　　销售单位：（章）

业务 43-2

银行承兑汇票（存根）　4　No 0171478

签发日期（大写）　贰零贰肆年拾贰月壹拾壹日

出票人名称	福州安达汽车配件有限公司	收款人	全　　称	泰和合金有限公司
出票人账号	789091245008004		账　　号	34104238507021
付款行全称	中国工商银行福州南山支行		开户银行	工商银行泰宁支行
汇票金额	人民币（大写）　肆万叁仟柒佰叁拾壹元整			￥43731.00
汇票到期日	贰零贰肆年叁月壹拾壹日	付款行	行号	09254714576
承兑协议编号	2024121101362-10		地址	福州市仓山区朝阳路 666 号
备注：购买材料		负责	经办　陈　红	

业务 43-3

入　库　单

2024 年 12 月 11 日

品种分类		原主材料		供应单位		泰和合金有限公司	
品　名	规　格	单位	数量	单价	金　额	备注	
硅		千克	3 000	12.9	38 700.00		

保管：林小燕　　　　　　　　　　　　　　　　　　核算员：

业务44-1

2108216571

南京增值税专用发票
发票联

№ 23630412

开票日期：2024年12月11日

购买方	名称：福州安达汽车配件有限公司
	纳税人识别号：350101768172805
	地址、电话：福州市仓山区朝阳路666号
	开户行及账号：中国工商银行福州南山支行 789091245008004

密码区：（略）

货物或应税劳务、服务名称	规格型号	单位	数量	单价	金额	税率	税额
运输费		台	1	131.60	131.60	9%	11.84
合计					¥131.60		¥11.84

价税合计（大写）：壹佰肆拾叁元肆角肆分　　（小写）¥143.44

销售方	名称：南京快安汽车客运有限公司
	纳税人识别号：2705351090379065
	地址、电话：南京市建设路59号　55258231
	开户行及账号：工商银行南台支行　676225021213

备注：（南京快安汽车客运有限公司 2705351090379065 发票专用章）

收款人：　　复核：　　开票人：陈田　　销售单位：（章）

业务44-2

5253014031

江苏增值税专用发票
发票联

№ 80101021

开票日期：2024年12月11日

购买方	名称：福州安达汽车配件有限公司
	纳税人识别号：350101768172805
	地址、电话：福州市仓山区朝阳路666号
	开户行及账号：中国工商银行福州南山支行 789091245008004

密码区：（略）

货物或应税劳务、服务名称	规格型号	单位	数量	单价	金额	税率	税额
铣床		台	1	50 000	50 000.00	13%	6 500.00
合计					¥50 000.00		¥6 500.00

价税合计（大写）：伍万陆仟伍佰元整　　（小写）¥56 500.00

销售方	名称：江苏红日机械厂
	付款人识别号：510108325697488
	地址、电话：南京市福新路366号　80966421
	开户行及账号：建行南京福新支行　474608658368

备注：（江苏红日机械厂 510108325697488 发票专用章）

收款人：　　复核：　　开票人：陈树锋　　销售单位：（章）

业务 44-3

中国工商银行　电汇凭证（回单）

☐ 普通　　☐ 加急　　委托日期：2024 年 12 月 12 日

汇款人	全称	福州安达汽车配件有限公司	收款人	全称	江苏红日机械厂
	账号	789091245008004		账号	474608658368
	汇出地点	福建省福州市		汇入地点	江苏省南京市
	汇出行名称	工商银行福州南山支行		汇入行名称	建设银行南京福新支行

金额	人民币（大写）	伍万陆仟陆佰肆拾叁元肆角肆分	亿 千 百 十 万 千 百 十 元 角 分
			￥　　　　5 6 6 4 3 4 4

附加信息及用途：付货款

汇出行签章（中国工商银行 福州南山支行 2024.12.12 转讫）　　复核：　　记账：

此联汇出行给汇款人的回单

业务 44-4

设备安装交接单

工程：铣床安装工程　　2024 年 12 月 12 日

资产名称	规格型号	计量单位	数量	买价	运杂费	合计
铣床		台	1			

验收：吴力　　经办：林小玲　　制表：

业务 45-1

包装物、低值易耗品出库单

领用部门：铸造车间　　2024 年 12 月 12 日　　编号：23

编号	名称	规格	计量单位	出库数量	单价	总成本
D02	耐热手套		副	69		
D03	工作服		套	69		

经领人：王华　　保管人：林小燕

②会计记账联

业务 45-2

包装物、低值易耗品出库单

领用部门：加工车间　　2024 年 12 月 12 日　　编号：24

编号	名　称	规　格	计量单位	出库数量	单　价	总 成 本
D02	耐热手套		副	156		
D03	工作服		套	156		

经领人：黄乐乐　　　　　　　　　　　　　　　　保管人：林小燕

② 会计记账联

业务 45-3

包装物、低值易耗品出库单

领用部门：机修车间　　2024 年 12 月 12 日　　编号：25

编号	名　称	规　格	计量单位	出库数量	单　价	总 成 本
D02	耐热手套		副	5		
D03	工作服		套	5		

经领人：陈　瞠　　　　　　　　　　　　　　　　保管人：林小燕

② 会计记账联

业务 45-4

包装物、低值易耗品出库单

领用部门：车队　　2024 年 12 月 12 日　　编号：26

编号	名　称	规　格	计量单位	出库数量	单　价	总 成 本
D02	耐热手套		副	8		
D03	工作服		套	8		

经领人：黄明风　　　　　　　　　　　　　　　　保管人：林小燕

② 会计记账联

业务 46-1

中国工商银行
转账支票存根

支票号码　No：6739546812

科　　目 ＿＿＿＿＿＿＿＿＿＿＿

对方科目 ＿＿＿＿＿＿＿＿＿＿＿

签发日期　**2024** 年 **12** 月 **13** 日

收款人：**福州吉祥安装公司**

金　额：￥**1 130.00**

用　途：**安装铣床**

备　注：

单位主管　　　　　　会计 **李 玲**

复　核 **林 丽**　　　记账

业务 46-2

福建增值税专用发票

3500255140

发票联　　　№ 01451512

开票日期：2024 年 12 月 13 日

购买方	名　称：福州安达汽车配件有限公司 纳税人识别号：350101768172805 地址、电话：福州市仓山区朝阳路 666 号 开户行及账号：中国工商银行福州南山支行　789091245008004	密码区	（略）

货物或应税劳务、服务名称	规格型号	单位	数量	单价	金额	税率	税额
铣床安装费		台	1		1 000.00	13%	130.00
合　计					￥1 000.00		￥130.00

价税合计（大写）　壹仟壹佰叁拾元整　　　　　（小写）￥1 130.00

销售方	名　称：福州吉祥安装公司 付款人识别号：3501006415963587 地址、电话：福州市鼓楼铜盘路 125 号　83709321 开户行及账号：工行福州分行铜盘支行　091376201236	备注	（福州吉祥安装公司 3501006415963587 发票专用章）

收款人：　　　复核：　　　开票人：黄 丽　　　销售单位：（章）

税总函[2015]664号海南华鑫实业公司

第三联　发票联　购货方记账凭证

业务 47

福建增值税专用发票

3501404220

发票联   № 00951429

开票日期：2024 年 12 月 13 日

购买方	名　称：福州安达汽车配件有限公司 纳税人识别号：350101768172805 地址、电话：福州市仓山区朝阳路 666 号 开户行及账号：中国工商银行福州南山支行 　　　　　　　789091245008004	密码区	（略）

货物或应税劳务、服务名称	规格型号	单位	数量	单价	金额	税率	税额
切削液		千克	600	15.60	9 360.00	13%	1 216.80
液压油	46#	千克	300	12.38	3 714.00	13%	492.82
合　计					¥13 074.00		¥1 699.62

价税合计（大写）	壹万肆仟柒佰柒拾叁元陆角贰分	（小写）¥14 773.62

销售方	名　称：旺达化工有限公司 纳税人识别号：35060273509092 地址、电话：福州麦和义序路 96 号　7583930 开户行及账号：工商银行麦和支行　38766000322185	备注	（旺达化工有限公司发票专用章）

收款人：　　　复核：　　　开票人：楼　方　　　销售单位：（章）

业务 48

住房公积金汇缴单

2024 年 12 月 13 日

单位名称	福州安达汽车配件有限公司	汇缴月份：2024 年 11 月	
单位账号	789091245008004	汇缴人数：138 人	
开户行	中国工商银行福州南山支行	存款日期：2024 年 12 月 13 日	支票号码
金额（人民币大写）	伍万捌仟叁佰玖拾陆元整		¥ 十万 千 百 十 元 角 分 　　　5 8 3 9 6 0 0

上月汇缴		本月增加汇缴		本月减少汇缴		本月汇缴	
人数	金额	人数	金额	人数	金额	人数	金额

（注：企业与职工各负担 50%）

业务 49

入 库 单

2024 年 12 月 14 日

品种分类	辅助材料		供应单位		旺达化工有限公司			
品　名	规　格	单位	数　量	单　价	金　额	备　注		
切削液		千克	600	15.6	9 360.00			
液压油	46#	千克	200	12.38	2 476.00	质量不符，退货 100 千克		

保管：林小燕　　　　　　　　　　　　　　　　　　　核算员：

业务 50

查询编号：01217071230653305　　　　　　付款人编码：30010351061071

企业进货退出及索取折让证明单

仓山税务退折证字[2024]第 009125 号

销售单位	全　称	旺达化工有限公司						
	税务登记号	316932510129173						
标志	货物名称	单价	数量	金额	税额	折让金额	折让税	
退回	液压油 46#	12.38	100 千克	1 238.00	160.94			
退回								
退回								
退货或索取折让理由	货物质量不符合要求。 经办人：周国荣 单位签单： 2024 年 12 月 14 日				税务征收机关签单	经办人：刘海 2024 年 12 月 14 日		
购物单位	全　称	福州安达汽车配件有限公司						
	税务登记号	350101768172805						

本表一式三份，一份付款人留存，一份购货单位留存，一份税务机关留存。

业务 51

关于核销坏账的请示

公司领导：

　　本公司应收顶力机械有限公司销货款 15 000 元，逾期 3 年无法收回，请批准予以核销。

财务科
2024 年 12 月 13 日

经研究决定，同意财务部意见。

2024 年 12 月 15 日

业务 52

固定资产竣工工程交接单

单位工程：__铣床安装工程__　　　2024 年 12 月 15 日　　　附件_____页

资产名称	规格型号	计量单位	数量	开工日期	竣工日期	实 际 成 本				备注
						设备买价	运杂费	安装费	合计	
铣床		台	1	12月12日	12月15日					

移交单位	设备科	负责人	林 行	接受单位	生产车间	负责人	曾永建
		经办	吴 分			经办	黄东山

复核：__谢建军__　　　　　经办：__林小玲__　　　　　制表：

业务 53

中国工商银行
现金支票存根

支票号码　　No _7472629_

附加信息 _____

_____

_____

签发日期　_2024 年 12 月 15 日_

收款人：

金　额：¥ _3 000.00_

用　途：_备用金_

备　注：

单位主管　　　　　会计 _李 玲_

业务 54-1

光大食品厂差旅费报销单

姓名：王天利　　　2024 年 12 月 15 日

起止日期	起止地点	汽车费	飞机费	途中补助	住宿费	伙食补贴	杂费	合计	单据
12月5日	福州—上海		800.00	300.00	1 800.00	300.00	580.00	3 780.00	7
12月12日	上海—福州		800.00					800.00	2
月 日									
合 计			1 600.00	300.00	1 800.00	300.00	580.00	4 580.00	9
合计报销金额（大写）	肆仟伍佰捌拾元整					备注：原借款 6 000.00 元，收回现金 1 420.00 元。			

业务 54-2

收 款 收 据

№ 3451352

收款日期　2024 年 12 月 15 日

缴款单位（或缴款人）	王天利										
款项内容	归还多借的差旅费										
金额	人民币（大写）	⊗拾⊗万壹仟肆佰贰拾零元零角零分		十万	千	百	十	元	角	分
			¥		1	4	2	0	0	0

现金收讫

收款单位：　　　会计：　　　出纳：陈小艺

业务 55-1

2375433140

上海增值税专用发票

发 票 联　　　　　　　　　№ 20780498

开票日期：2024 年 12 月 16 日

购买方	名　称	福州安达汽车配件有限公司	密码区	（略）
	纳税人识别号	350101768172805		
	地址、电话	福州市仓山区朝阳路 666 号		
	开户行及账号	中国工商银行福州南山支行　789091245008004		

货物或应税劳务、服务名称	规格型号	单位	数量	单价	金　额	税率	税　额
纯铝	A00	千克	15 000	17	255 000.00	13%	33 150.00
合　计					¥255 000.00		¥33 150.00

价税合计（大写）	贰拾捌万捌仟壹佰伍拾元整	（小写）¥288 150.00

销售方	名　称	上海南通贸易有限公司	备注	
	纳税人识别号	21090273594203		
	地址、电话	上海市中兴路 381 号　28967525		
	开户行及账号	工商银行中兴支行　6053680215007		

收款人：　　　复核：　　　开票人：余 利　　　销售单位：（章）

税总函[2015]632号 上海市印刷有限公司

业务 55-2

2657111083

上海增值税专用发票

发票联　　　No 20436521

开票日期：2024 年 12 月 16 日

购买方	名　称：福州安达汽车配件有限公司 纳税人识别号：350101768172805 地址、电话：福州市仓山区朝阳路 666 号 开户行及账号：中国工商银行福州南山支行 　　　　　　　789091245008004	密码区	（略）

货物或应税劳务、服务名称	规格型号	单位	数量	单价	金额	税率	税额
纯铝运输费		千克	15 000	0.093	1 395.00	9%	125.55
合　计					￥1 395.00		￥125.55

价税合计（大写）	壹仟伍佰贰拾元零伍角伍分	（小写）￥1 520.55

销售方	名　称：上海市公路货运公司 纳税人识别号：230702705379065 地址、电话：上海市中华路 753 号　23155258 开户行及账号：工商银行中兴支行　626750212132	备注	（上海市公路货运公司 230702705379065 发票专用章）

收款人：　　　　复核：　　　　开票人：林萧　　　　销售单位：（章）

业务 55-3

托收凭证（付款通知）　5

委托日期 2024 年 12 月 16 日　　付款日期 2024 年 12 月 16 日

业务类型	委托收款（□邮划　□电划）　托收承付（□邮划　☑电划）			
付款人	全称	福州安达汽车配件有限公司	收款人	全称	上海南通贸易有限公司
	账号	789091245008004		账号	6053680215007
	地址	福建省福州市(县)　开户行 工行南山支行		地址	省上海市(县)　开户行 工行中兴支行

金额	人民币（大写）	贰拾捌万玖仟陆佰柒拾元零伍角伍分	亿千百十万千百十元角分 　　　　￥2 8 9 6 7 0 5 5

款项内容	货款	托收凭据名称		附寄单证张数	2 张

商品发运情况　公路运费 1 548.45 元　　合同名称号码

中国工商银行福州南山支行 2024.12.16 转讫

备注：

付款人注意：
1. 根据支付结算办法，上列委托收款(托收承付)款项在付款期限内未提出拒付，即视为同意付款，以此代付款通知。
2. 如需提出全部或部分拒付，应在规定期限内，将拒付理由书并附债务证明退交开户银行。

付款人开户银行收到日期　　　付款人开户银行签章
2024 年 12 月 16 日　　　　　2024 年 12 月 16 日

业务 56-1

3501056138

福建增值税专用发票

此联不作报销、扣税凭证使用

No 00992863

开票日期：2024 年 12 月 16 日

购买方	名　　　称	福州正大机械有限公司	密码区	（略）
	纳税人识别号	310115693217329		
	地　址、电　话	浦东新区南京路 328 号　58959988		
	开户行及账号	工商银行浦上支行　60218500338762		

货物或应税劳务、服务名称	规格型号	单位	数量	单价	金额	税率	税额
活塞 Jetta		只	15 000	21.00	315 000.00	13%	40 950.00
合　计					¥315 000.00		¥40 950.00

价税合计（大写）	叁拾伍万伍仟玖佰伍拾元整	（小写）¥355 950.00

销售方	名　　　称	福州安达汽车配件有限公司	备注	
	纳税人识别号	350101768172805		
	地　址、电　话	福州市仓山区朝阳路 666 号		
	开户行及账号	中国工商银行福州南山支行 789091245008004		

收款人：　　　复核：　　　开票人：王　青　　　销售单位：（章）

业务 56-2

中国工商银行进账单（收账通知）

2024 年 12 月 16 日　　　第　号

收款人	全　称	福州安达汽车配件有限公司	付款人	全　称	福州正大机械有限公司
	账　号	789091245008004		账　号	60218500338762
	开户银行	工商银行福州南山支行		开户银行	工商银行浦上支行

金额	人民币（大写）	叁拾伍万伍仟玖佰伍拾元整	千	百	十	万	千	百	十	元	角	分
				¥	3	5	5	9	5	0	0	0

票据种类	银行本票	票据张数	1 张
票据号码	NI58964		

单位主管：　　　会计：　　　复核：　　　记账：　　　收款人开户行盖章

业务 56-3

库存商品出库单

2024 年 12 月 16 日　　　编号：60

编号	名称及规格	计量单位	出库数量	用途
01	活塞 Jetta	只	15 000	销售

仓库管理员：林　红　　　经办人：李心怡

业务 57

福建增值税专用发票

3571107033

发票联  № 16250232

开票日期：2024 年 12 月 16 日

购买方	名称：福州安达汽车配件有限公司	密码区	（略）
	纳税人识别号：350101768172805		
	地址、电话：福州市仓山区朝阳路 666 号		
	开户行及账号：中国工商银行福州南山支行 789091245008004		

货物或应税劳务、服务名称	规格型号	单位	数量	单价	金额	税率	税额
邮资					480.00	9%	43.20
合计					¥480.00		¥43.20

价税合计（大写）	伍佰贰拾叁元贰角整	小写 ¥523.20

现金付讫

销售方	名称：福建省邮政速递物流有限公司福州分公司	备注
	纳税人识别号：350100557598134	
	地址、电话：福州市华林路 8 号　87125581	
	开户行及账号：中国邮政储蓄银行福州华林支行 935009010003424657	

收款人：　　复核：　　开票人：吴 天　　销售单位：（章）

税总函[2015]664号海南华鑫实业公司

第三联 发票联 购货方记账凭证

业务 58

托收凭证（汇款依据或收账通知）　4

委托日期 2024 年 12 月 17 日　　付款日期 2024 年 12 月 17 日

业务类型	委托收款(□邮划 ☑电划)	托收承付(□邮划 □电划)		
付款人	全称	福州实创机械有限公司	收款人	全称	福州安达汽车配件有限公司
	账号	63220312634009002		账号	789091245008004
	地址	福建省福州市(县)	开户行 建行小池支行		地址 福建省福州市(县)	开户行 工行南山支行

金额	人民币（大写）	壹拾捌万玖仟叁佰伍拾元整	亿 千 百 十 万 千 百 十 元 角 分
			¥　　1 8 9 3 5 0 0 0

| 款项内容 | 货款 | 托收凭据名称 | 商业承兑汇票 | 附寄单证张数 | 1 张 |
| 商品发运情况 | | 合同名称号码 | | | |

中国工商银行福州南山支行 2024.12.17 讫

备注：　　　　　上列款项已划回收入你方账户内。

复核　记账　　　　　收款人开户银行签章
　　　　　　　　　　　2024 年 12 月 17 日

此联付款人开户银行凭以汇款或收款人开户银行作收账通知

业务 59-1

福建增值税专用发票

3501034512

发票联　　　　　　　　　　　　　　　　　№ 03910937

开票日期：2024 年 12 月 17 日

购买方	名　　称：福州安达汽车配件有限公司 纳税人识别号：350101768172805 地　址、电　话：福州市仓山区朝阳路 666 号 开户行及账号：中国工商银行福州南山支行 789091245008004	密码区	（略）

货物或应税劳务、服务名称	规格型号	单位	数量	单价	金额	税率	税额
活塞 Jetta 包装箱	595×400×200	只	100	11.47	1 147.00	13%	149.11
活塞 Santana 包装箱	580×400×195	只	300	10.80	3 240.00	13%	421.20
活塞 Sail 包装箱	560×380×190	只	100	10.20	1 020.00	13%	132.60
合　　计					¥5 407.00		¥702.91
价税合计（大写）	陆仟壹佰零玖元玖角壹分				（小写）¥6 109.91		

销售方	名　　称：福州中大纸箱厂 纳税人识别号：35020974203593 地　址、电　话：福州市福马 175 号　87396861 开户行及账号：工商银行南门支行　30432786950432	备注	（福州中大纸箱厂 35020974203593 发票专用章）

收款人：　　　　　复核：　　　　　开票人：马清玉　　　　　销售单位：（章）

税总函〔2015〕664号 海南华鑫实业公司　　　　　　　　第三联　发票联　购货方记账凭证

业务 59-2

入　库　单

2024 年 12 月 17 日

品种分类	包装物		供应单位	福州中大纸箱厂		
品　名	规　格	单位	数量	单价	金额	备注
活塞 Jetta 包装箱	595×400×200	只	100	11.47	1 147.00	
活塞 Santana 包装箱	580×400×195	只	300	10.80	3 240.00	
活塞 Sail 包装箱	560×380×190	只	100	10.20	1 020.00	

保管人：林小燕　　　　　　　　　　　　　　　核算员：

业务59-3

中国工商银行
转账支票存根

支票号码　　No: 6739546813

科　目 _____

对方科目 _____

签发日期　2024 年 12 月 17 日

收款人：**福州中大纸箱厂**

金　额：￥6 109.91

用　途：**付购货款**

备　注：

单位主管　　　　　会计　**李 玲**

复　核　**林 丽**　　记账

业务60-1

3500153340

福建增值税普通发票

发票联　　　　　　　　　№ 02107805

机器编号：499892177333　　开票日期：2024 年 12 月 17 日

购买方	名　称	福州安达汽车配件有限公司	密码区	（略）
	纳税人识别号	350101768172805		
	地址、电话	福州市仓山区朝阳路666号		
	开户行及账号	中国工商银行福州南山支行 789091245008004		

货物或应税劳务、服务名称	规格型号	单位	数量	单价	金额	税率	税额
文本制作费		批	1	1 359.22	1 456.31	3%	43.69
合　计					￥1 456.31		￥43.69

价税合计（大写）　壹仟伍佰元整　　　　　（小写）￥1 500.00

销售方	名　称	福州市仓山区金叹图文设计工作室	备注	校验码：66989 32098 49276 33177
	纳税人识别号	3501011982012025 3X01		
	地址、电话	福州市朝阳路融江小区综合楼四层 83704232		
	开户行及账号	农业银行仓山支行 6398702715808 7027201		

收款人：　　　复核：　　　开票人：陈 托　　　销售单位：（章）

业务 60-2

中国工商银行
转账支票存根

支票号码　No：6739546814

附加信息 _____

_____

_____

签发日期　**2024** 年 **12** 月 **17** 日

收款人：**金叹图文设计工作室**

金　额：￥**1 500.00**

用　途：**文库制作费**

备　注：

单位主管　　　　　　　会计 **李　玲**

业务 61

入 库 单

2024 年 12 月 17 日

品种分类	原主材料		供应单位		上海南通贸易有限公司	
品　名	规　格	单　位	数　量	单　价	金　额	备　注
纯铝		千克	15 000	17.093	256 395.00	

保管：林小燕　　　　　　　　　　　　　　　　　核算员：

业务 62-1

领 料 单

2024 年 12 月 18 日

领用部门	铸造车间		用　途		生产活塞 Santana	
类　别	名称型号	计量单位	请领数量	实发数量	单　价	金　额
原主材料	纯铝 A00	千克	9 400	9 400		
原主材料	硅	千克	1 500	1 500		

保管：林小燕　　　　　　　　　　　　　　　　　经领人：王 华

业务 62-2

领 料 单

2024 年 12 月 18 日

领用部门		铸造车间	用 途		生产活塞 Santana		②
类 别	名称型号	计量单位	请领数量	实发数量	单 价	金 额	会计记账
燃 料	柴油 0#	千克	600	600			
燃 料	重油 180#	千克	1 200	1 200			
辅助材料	液压油	千克	75	75			

保管：林小燕　　　　　　　　　　　　　　　　　经领人：王　华

业务 62-3

领 料 单

2024 年 12 月 18 日

领用部门		加工车间	用 途		生产活塞 Santana		②
类 别	名称型号	计量单位	请领数量	实发数量	单 价	金 额	会计记账
辅助材料	切削液	千克	240	240			
包装材料	塑料膜	千克	100	100			

保管：林小燕　　　　　　　　　　　　　　　　　经领人：王　华

业务 62-4

领 料 单

2024 年 12 月 18 日

领用部门		铸造车间	用 途		生产活塞 Sail		
类 别	名称型号	计量单位	请领数量	实发数量	单 价	金 额	
原主材料	纯铝 A00	千克	3 200	3 200			
原主材料	硅	千克	410	410			

保管：林小燕　　　　　　　　　　　　　　　　　经领人：王　华

业务 62-5

领 料 单

2024 年 12 月 18 日

领用部门	铸造车间		用　途		生产活塞 Sail	
类　别	名称型号	计量单位	请领数量	实发数量	单　价	金　额
燃　料	柴油 0#	千克	330	330		
燃　料	重油 180#	千克	650	650		
辅助材料	液压油	千克	36	36		

保管：林小燕　　　　　　　　　　　　　　　　　经领人：王　华

②会计记账

业务 62-6

领 料 单

2024 年 12 月 18 日

领用部门	机修车间		用　途		修理用	
类　别	名称型号	计量单位	请领数量	实发数量	单　价	金　额
辅助材料	钢铁除油剂 986.1#	千克	30	30		

保管：林小燕　　　　　　　　　　　　　　　　　经领人：王　华

②会计记账

业务 62-7

包装物、低值易耗品出库单

领用部门：加工车间　　　　2024 年 12 月 18 日　　　　编号：26

编号	名　　称	规　格	计量单位	出库数量	单价	总成本
B01	活塞 Jetta 包装箱	595×400×200	只	90		
B02	活塞 Santana 包装箱	580×400×195	只	170		

经领人：王　华　　　　　　　　　　　　　　　　保管人：林小燕

②会计记账联

业务 62-8

包装物、低值易耗品出库单

领用部门：机修车间　　　　2024 年 12 月 18 日　　　　编号：27

编号	名　　称	规　格	计量单位	出库数量	单价	总成本
D01	劳保鞋		双	5		

经领人：王　华　　　　　　　　　　　　　　　　保管人：林小燕

②会计记账联

业务 63-1

3500163150

福建增值税普通发票

发票联　　　　№ 02183302

机器编号：499918237429　　　　开票日期：2024 年 12 月 18 日

购买方	名称：福州安达汽车配件有限公司 纳税人识别号：350101768172805 地址、电话：福州市仓山区朝阳路 666 号 开户行及账号：中国工商银行福州南山支行 789091245008004	密码区	（略）

货物或应税劳务、服务名称	规格型号	单位	数量	单价	金额	税率	税额
餐费					1 556.60	6%	93.40
合　计					¥1 556.60		¥93.40

价税合计（大写）　壹仟陆佰伍拾元整　　　（小写）¥1 650.00

销售方	名称：福州家园大饭店 纳税人识别号：350103299296125 地址、电话：福州市台江区金山大道 53 号　83342321 开户行及账号：光大银行古田支行　702780870272016398	备注	校验码：03258 92098 49226 33755

收款人：　　　　复核：　　　　开票人：嘉丽　　　　销售单位：（章）

税总函[2015]663号 广州东港安全印制有限公司

第二联 发票联 购货方记账凭证

业务 63-2

中国工商银行
转账支票存根

支票号码　No：6739546815

附加信息 _____

_____

_____

签发日期　2024 年 12 月 18 日

收款人：*福州家园大饭店*

金　额：¥1 650.00

用　途：*招待费*

备　注：

单位主管　　　　会计 *李 玲*

业务 64-1

福建增值税专用发票

3503100821

发票联　　No 16501834

开票日期：2024 年 12 月 18 日

购买方	名　　称： 福州安达汽车配件有限公司 纳税人识别号： 350101768172805 地址、电话： 福州市仓山区朝阳路666号 开户行及账号： 中国工商银行福州南山支行 789091245008004	密码区	（略）

货物或应税劳务、服务名称	规格型号	单位	数量	单价	金　额	税率	税　额
维修费					5 698.28	13%	740.78
合　计					¥5 698.28		¥740.78

价税合计（大写）　陆仟肆佰叁拾玖元零陆分　　　　（小写）¥6 439.06

销售方	名　　称： 福州大众汽车修理厂 纳税人识别号： 3501022178875421 地址、电话： 福州市台江区马尾路 83213423 开户行及账号： 中信银行南门支行 7708702728163978975	备注	（福州大众汽车修理厂 3501022178875421 发票专用章）

收款人：　　　复核：　　　开票人：陈 定　　　销售单位：（章）

税总函[2015]664号海南华鑫实业公司　第三联 发票联 购货方记账凭证

业务 64-2

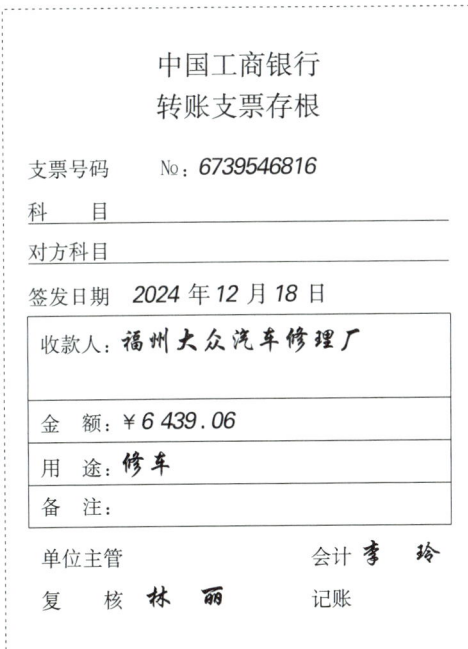

业务 65-1

福建增值税专用发票

3501056138

此联不作报销、扣税凭证

No 00992864

开票日期：2024 年 12 月 18 日

购买方	名　　称：福州好利来食品有限公司 纳税人识别号：3501012805131930 地　址、电话：福州市六一南路 156 号　83463465 开户行及账号：工商银行城门支行　60287621803503	密码区	（略）

货物或应税劳务、服务名称	规格型号	单位	数量	单价	金　额	税率	税　额
仓库租金					9 500.00	5%	475.00
合　计					￥9 500.00		￥475.00

价税合计（大写）	玖仟玖佰柒拾伍元整	（小写）￥9 975.00

销售方	名　　称：福州安达汽车配件有限公司 纳税人识别号：350101768172805 地　址、电话：福州市仓山区朝阳路 666 号 开户行及账号：中国工商银行福州南山支行 　　　　　　　789091245008004	备注	12月份租金

收款人：　　　　复核：　　　　开票人：王 青　　　　销售单位：（章）

税总函[2015]664号海南华鑫实业公司

第一联 记账联 销售方记账凭证

业务 65-2

中国工商银行进账单（收账通知）

2024 年 12 月 18 日　　　　第　号

收款人	全　称	福州安达汽车配件有限公司	付款人	全　称	福州好利来食品有限公司
	账　号	789091245008004		账　号	60287621803503
	开户银行	工商银行福州南山支行		开户银行	工商银行城门支行

金额	人民币（大写）	玖仟玖佰柒拾伍元整	千	百	十	万	千	百	十	元	角	分
						￥	9	9	7	5	0	0

票据种类	转账支票	票据张数	1张
票据号码	No：6768153952		

单位主管：　　会计：　　复核：　　记账：

收款人开户行盖章

中国工商银行福州南山支行　2024.12.18　转讫

此联是收款人开户行交给收款人的收账通知

业务 66

库存商品入库单

2024 年 12 月 19 日

交库部门：加工车间　　　　　　　　　　　　　　　　编号：91

编号	名称及规格	计量单位	入库数量	备注
01	活塞 Jetta	只	10 000	完工入库
02	活塞 Santana	只	20 000	完工入库

质量检验员：李 令　　　仓库验收：林 红　　　经办人：张庆明

②会计记账联

业务 67-1

收 款 收 据

№ 3213552

收款日期　2024 年 12 月 20 日

缴款单位（或缴款人）	成 静								
款项内容	违章操作罚款								
人民币（大写）	⊗拾⊗万⊗仟叁佰零拾零元零角零分	十万	千	百	十	元	角	分
					￥	3	0	0	0	0

现金收讫

收款单位：　　　　会计：　　　　　　出纳：陈小艺

第三联 记账联

业务 67-2

罚 款 通 知 单

财务科：

　　加工车间工人成静违章操作，经董事会研究决定，对其罚款叁佰元整（￥300.00）。

董 事 会

2024 年 12 月 20 日

业务 68-1

科 目 汇 总 表

年 月 日 — 年 月 日　　　　　　　　　No汇

科目编号	科目名称	借方发生额	贷方发生额	过　账
	合　　　计			

记账：　　　　　　　审核：　　　　　　　制表：

业务 68-2

科 目 汇 总 表

年 月 日 — 年 月 日　　　　　　　　　No汇

科目编号	科目名称	借方发生额	贷方发生额	过　账
合　　　计				

记账：　　　　　　　　　审核：　　　　　　　　　制表：

业务 69

中国工商银行
现金支票存根

支票号码　　No：7472630

附加信息 _____

_____

_____

签发日期　**2024** 年 **12** 月 **21** 日

收款人：
金　额：￥3 000.00
用　途：备用金
备　注：

单位主管　　　　　　　　会计 李 玲

业务 70

职工困难补助发放表

2024 年 12 月 21 日

姓　名	项　目	金　额	签　名
郭　铭	困难补助	1 500.00	郭　铭
杨有文	困难补助	2 000.00	杨有文
	现金付讫		
合　　　计		￥3 500.00	

审批：陈高明　　　　复核：林 丽　　　　制表：李 玲

业务71-1

福建增值税专用发票

3501056138

此联不作报销、扣税凭证使用　　№ 00992865

开票日期：2024年12月21日

购买方	名　称：上海申裕机械有限公司 纳税人识别号：310115693217329 地　址、电　话：浦东新区南京路328号　58959988 开户行及账号：工商银行浦上支行　60218500338762	密码区	（略）

货物或应税劳务、服务名称	规格型号	单位	数量	单价	金　额	税率	税　额
活塞 Santana		只	20 000	23.00	460 000.00	13%	59 800.00
活塞 Sail		只	5 000	16.00	80 000.00	13%	10 400.00
合　计					￥540 000.00		￥70 200.00

价税合计（大写）　陆拾壹万零贰佰元整　　　　　　　（小写）￥610 200.00

销售方	名　称：福州安达汽车配件有限公司 纳税人识别号：350101768172805 地　址、电　话：福州市仓山区朝阳路666号 开户行及账号：中国工商银行福州南山支行 　　　　　　　789091245008004	备注	

收款人：　　　复核：　　　开票人：王青　　　销售单位：（章）

税总函[2015]664号海南华鑫实业公司

第一联　记账联　销售方记账凭证

业务71-2

商业承兑汇票（存根）　3　汇票号码

出票日期（大写）　贰零贰肆年壹拾贰月贰拾壹日　　第　号

付款人	全　称	上海申裕机械有限公司	收款人	全　称	福州安达汽车配件有限公司
	账　号	60218500338762		账　号	789091245008004
	开户银行	工商银行浦上支行　行号478021		开户银行	工商银行南山支行　行号672109

出票金额	人民币（大写）　陆拾壹万零贰佰元整	千百十万千百十元角分 ￥6 1 0 2 0 0 0 0

汇票到期日　贰零贰伍年零壹月贰拾壹日　　交易合同号码

备注：该票据不带息

业务 71-3

出 库 单

2024 年 12 月 21 日 编号：61

编号	名称及规格	计量单位	出库数量	用途
02	活塞 Santana	只	20 000	销售
03	活塞 Sail	只	5 000	销售

仓库管理员：林 红　　　　　　　　　　　　　　　经办人：李心怡

② 会计记账联

业务 72

中国工商银行 特种转账贷方凭证　484182

2024 年 12 月 21 日

付款人	全称	中国工商银行福州南山支行		收款人	全称	福州安达汽车配件有限公司	
	账号	789091245001256			账号	789091245008004	
	开户银行	工行南山支行	行号 672109		开户银行	工行南山支行	行号 672109

| 金额 | 人民币（大写） | 叁仟叁佰伍拾陆元捌角捌分 | 千 百 十 万 千 百 十 元 角 分 ¥ 3 3 5 6 8 8 |

原凭证金额		赔偿金		会计分录： 借： 贷：
原凭证名称		号码		

| 转账原因 | 支付活期存款利息
计息期间 2024.9.21—2024.12.21 |

会计主管：　　　复核：　　　记账：

（印章：中国工商银行 福州南山支行 2024.12.21 转讫）

业务 73-1

3501031288

福建增值税专用发票

发票联　　　　　№ 03917093

开票日期：2024 年 12 月 22 日

购买方	名　　称：福州安达汽车配件有限公司 纳税人识别号：350101768172805 地　址、电　话：福州市仓山区朝阳路 666 号 开户行及账号：中国工商银行福州南山支行 　　　　　　　789091245008004	密码区	（略）

货物或应税劳务、服务名称	规格型号	单位	数量	单价	金额	税率	税额
塑料膜	110×80	千克	200	14.50	2 900.00	13％	377.00
合　计					￥2 900.00		￥377.00

价税合计（大写）　　叁仟贰佰柒拾柒元整　　　　　　（小写）￥3 277.00

销售方	名　　称：闽江包装品有限公司 纳税人识别号：35010272031212 地　址、电　话：福州市上山路 79 号　83440618 开户行及账号：农业银行盖山支行　38327690350415	备注	（闽江包装品有限公司 35010272031212 发票专用章）

收款人：　　　　复核：　　　　开票人：郑志诚　　　　销售单位：（章）

税总函[2015]664号海南华鑫实业公司

第三联　发票联　购货方记账凭证

业务 73-2

入　库　单

2024 年 12 月 22 日

品种分类	包装材料	供应单位	闽江包装品有限公司

品　名	规　格	单　位	数　量	单　价	金　额	备　注
塑料膜	110×80	千克	200	14.5	2 900.00	

保管：林小燕　　　　　　　　　　　　　　　核算员：

业务 74

偿还贷款凭证（第一联）

2024 年 12 月 22 日

借款单位名称	福州安达汽车配件有限公司	贷款账号	091268795321	结算账号	095699415663	
还款金额（大写）	伍拾万捌仟叁佰柒拾元整				￥508370 00	偿还贷款收据
贷款种类	长期贷款	借出日期	2024 年 12 月 22 日	原约定还款日期	2025 年 12 月 22 日	
上列款项请由本单位账户内偿还到期贷款 此致 借款单位盖章			会计分录： 借： 贷： 复核员： 记账员：			

（该项借款本金为 500 000.00 元，按季付息，到期还本。）

业务 75

贴现凭证（收账通知） 4

申请日期 2024 年 12 月 22 日   第 0118 号

贴现汇票	种类	商业汇票	号码	AA/0108340235	持票人	名称	福州安达汽车配件有限公司		此联银行给持票人的收账通知
	出票日	2024 年 12 月 21 日				账号	789091245008004		
	到票日	2025 年 3 月 21 日				开户银行	中国工商银行福州南山支行		
汇票承兑人	名称	上海申裕机械有限公司	账号	60218500338762		开户银行	工商银行浦上支行		
汇票金额	人民币（大写）	陆拾壹万零贰佰元整					￥610200 00		
贴现率	‰	贴现利息		￥3051 00	实付贴现金额		￥607149 00		
贴现款项已入你单位账户。				备注：					

银行签章
2024 年 12 月 22 日

业务 76-1

包装物、低值易耗品出库单

领用部门：加工车间　　　2024 年 12 月 23 日　　　编号：28

编号	名称	规格	计量单位	出库数量	单价	总成本
B02	活塞 Santana 包装箱	580×400×195	只	114		
B03	活塞 Sail 包装箱	560×380×190	只	82		

经领人：王　华　　　　　　　　　　　　　　　　保管人：林小燕

② 会计记账联

业务 76-2

领 料 单

2024 年 12 月 23 日

领用部门	加工车间	用　途	生产活塞 Sail		
类别	名称型号	计量单位	请领数量	实发数量	单价	金额
辅助材料	切削液	千克	20	20		
包装材料	塑料膜	千克	20	20		

保管：林小燕　　　　　　　　　　　　　　　　经领人：王　华

② 会计记账

业务 77

上海证券中央登记结算公司

客户名称：福州安达汽车配件有限公司　　　日期：2024 年 12 月 23 日

600382	成交过户交割凭单	买

股东编号：328475	成交证券：广东明珠
电脑编号：83537	成交数量：80 000
公司编号：726	成交价格：7.50
申请编号：368	成交金额：600 000.00
申报时间：14:30	标准佣金：900.00
成交时间：14:18	过户费用：80.00
上次余额：0（股）	印花税：
本次成交：80 000（股）	应收金额：
本次余额：80 000（股）	附加费用：
本次库存：	实付金额：600 980.00

（注：准备用于近期出售）

③ 通知联

（盖章：福州南方证券交易所 业务专用章）

业务 78-1

福建增值税专用发票

3501142152

发票联　　　　№ 01191573

开票日期：2024 年 12 月 24 日

购买方	名　　称：福州安达汽车配件有限公司 纳税人识别号：350101768172805 地址、电话：福州市仓山区朝阳路 666 号 开户行及账号：中国工商银行福州南山支行 789091245008004	密码区	（略）

货物或应税劳务、服务名称	规格型号	单位	数量	单价	金　额	税率	税　额
电话费					4 828.56	9%	434.57
合　计					￥4 828.56		￥434.57

价税合计（大写）	伍仟贰佰陆拾叁元壹角叁分	（小写）￥5 263.13

销售方	名　　称：中国电信股份有限公司福州分公司 纳税人识别号：35010227573530035 地址、电话：福州市五四路诚信路 65 号　87385988 开户行及账号：工商银行鼓楼支行 632629091222021215	备注	(中国电信股份有限公司福州分公司 35010227573530035 发票专用章)

收款人：　　　　复核：　　　　开票人：王　玲　　　　销售单位：（章）

税总函[2015]664号海南华鑫实业公司

第三联　发票联　购货方记账凭证

业务 78-2

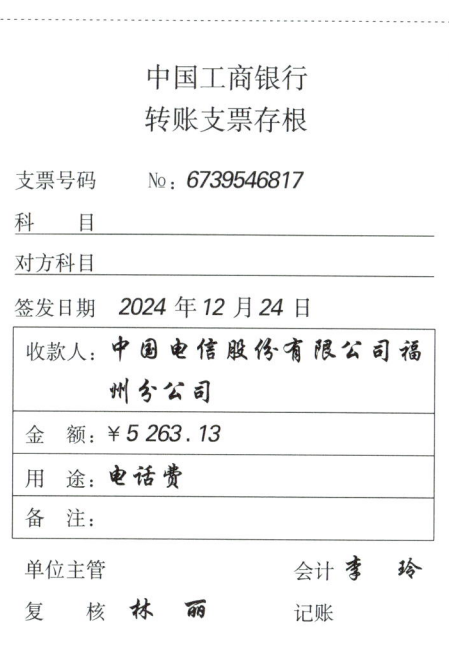

业务 78-3

12月份电话费明细表

2024 年 12 月 24 日　　　　　　　　　　　　　　　　　　编号：026519

部　　门	基本费	通话费	合　　计
管理部门	120.00	1 891.58	2 011.58
销售部门	80.00	2 165.66	2 245.66
铸造车间	20.00	98.56	118.56
加工车间	20.00	118.94	138.94
机修车间	20.00	118.14	138.14
车　　队	20.00	155.68	175.68
合　　计	280.00	4 548.56	4 828.56

制表：李　玲

业务 79

库存商品入库单

2024 年 12 月 24 日

交库部门：加工车间　　　　　　　　　　　　　　　　　　编号：92

编号	名称及规格	计量单位	入库数量	备注
01	活塞 Jetta	只	6 000	完工入库
02	活塞 Santana	只	11 400	完工入库
03	活塞 Sail	只	10 200	完工入库

质量检验员：李　令　　仓库验收：林　红　　经办人：张庆明

②会计记账联

业务 80-1

报　销　单

2024 年 12 月 25 日

部　　门	车队：林　飞	凭证张数：13
事　　由	12月份汽油费	
支付金额	人民币：贰仟陆佰元	￥2 600.00
核销金额	人民币：贰仟陆佰元	￥2 600.00
审批人	陈宏江	

现金付讫

业务 80-2 （附 13 张）

中国石油化工股份有限公司
福建福州石油销售分公司

通用机打发票

发 票 联

发票代码 350211102239
发票号码 07864578

行业分类：	
机打号：	07739546
机器编号：	996180985412
收款单位：	中国石油福建福州石油销售分公司
	福州连江南路加油站
税务登记号：	350102X11369807
开票日期：	20241225 14:06:22 收款人:邓芳
付款单位：	福州安达汽车配件有限公司

项 目	单 价	数 量	金 额
92#汽油	5.98	33.89	200.00

合计(小写)   ￥200.00
合计(大写)   贰佰元整
税控号：

业务 81

中国工商银行
现金支票存根

支票号码   No：7472631

附加信息 _____
_____
_____

签发日期 2024 年 12 月 25 日

收款人：	
金　额：	￥28 000.00
用　途：	支付保健费
备　注：	
单位主管	会计 李 玲

业务82

保健费发放汇总表

2024 年 12 月 25 日　　　　　　　　　　　　　　　单位：元

部　门	职工人数	金　额	经领人
管理部门	18	1 800.00	吴如青
销售部门	12	1 200.00	黄昕
加工车间	156	15 600.00	王燕红
铸造车间	69	6 900.00	刘群
机修车间	5	500.00	刘娟
车　队	8	800.00	郭桥生
合　计	268	26 800.00	

（现金付讫）

业务83

固定资产报废申请单

2024 年 12 月 25 日　　　　　　　　　　　　　　　凭证编号 03

固定资产名称及编号	单位	数量	预计使用年限	实际使用年限	原始价值	已提折旧	备注
溶铝炉	台	1	5	51个月	84 600.00	71 400.00	
申请报废原因	操作不当造成损坏，已无维修价值						
处理意见	使用部门		技术鉴定小组		固定资产管理部门	主管部门审批	
	无法修理		情况属实		同意转入清理	同意报废	

业务84-1

3501046370

福建增值税普通发票

发　票　联　　　№ 07443566

机器编号：4491 7897 3332　　　　　　　开票日期：2024 年 12 月 26 日

税总函[2015]663号 广州东港安全印刷有限公司

第二联　发票联　购货方记账凭证

购买方	名　称	福州安达汽车配件有限公司	密码区	（略）
	纳税人识别号	350101768172805		
	地址、电话	福州市仓山区朝阳路666号		
	开户行及账号	中国工商银行福州南山支行 789091245008004		

货物或应税劳务、服务名称	规格型号	单位	数量	单价	金　额	税率	税　额
清理费					514.56	3%	15.44
合　计					￥514.56		￥15.44

价税合计（大写）	伍佰叁拾元整	（小写）￥530.00

销售方	名　称	福州海红工程有限公司	备注	校验码 01329 33122 55098 13627
	纳税人识别号	3501054705379325		
	地址、电话	福州市梅山路211号　87820083		
	开户行及账号	建设银行台江支行　7027158034187057897		

收款人：　　　复核：　　　开票人：郑玉平　　　销售单位：（章）

业务 84-2

中国工商银行
转账支票存根

支票号码　No：6739546819

附加信息　_____

_____

_____

签发日期　2024 年 12 月 26 日

收款人：福州海红工程有限公司

金　额：￥530.00

用　途：付清理费

备　注：

单位主管　　　　　会计　李　玲

业务 85

3501147034

福建增值税专用发票

发票联　№ 00491631

开票日期：2024 年 12 月 27 日

税总函[2015]664号海南华鑫实业公司　　第三联 发票联 购货方记账凭证

购买方	名　称：福州安达汽车配件有限公司 纳税人识别号：350101768172805 地址、电话：福州市仓山区朝阳路 666 号 开户行及账号：中国工商银行福州南山支行 　　　　　　　789091245008004	密码区	（略）

货物或应税劳务、服务名称	规格型号	单位	数量	单价	金　额	税率	税　额
宽带费用					303.00	9%	27.27
合　计					￥303.00		￥27.27

价税合计（大写）　叁佰叁拾元零贰角柒分　　　　　（小写）￥330.27

销售方	名　称：中国联合网络通信有限公司福州分公司 纳税人识别号：350102727938817 地址、电话：福州市白马北路 127 号　83785901 开户行及账号：工商银行鼓楼支行　6202121326290911225	备注	

收款人：　　　复核：　　　开票人：陈 钢　　　销售单位：（章）

业务 86-1

3500130364

福建增值税普通发票

发票联　　　№ 02439216

机器编号：449177389332　　开票日期：2024 年 12 月 28 日

购买方	名　称：福州物资回收公司
	纳税人识别号：350172801768191
	地　址、电话：福州市工业路358号　80420088
	开户行及账号：工商银行福州黎明办事处　789091242006517

密码区：（略）

货物或应税劳务、服务名称	规格型号	单位	数量	单价	金额	税率	税额
旧溶铝炉					956.00	13%	124.28
合　计					￥956.00		￥124.28

价税合计（大写）：壹仟零捌拾元贰角捌分　　（小写）￥1 080.28

销售方	名　称：福州安达汽车配件有限公司
	纳税人识别号：350101768172805
	地　址、电话：福州市仓山区朝阳路666号
	开户行及账号：中国工商银行福州南山支行　789091245008004

备注：校验码：01954 33186 31298 62733

收款人：　　复核：　　开票人：陈力　　销售单位：（章）

第一联 记账联 销售方记账凭证

税总函[2015]663号广州东港安全印刷有限公司

业务 86-2

㊥ 中国工商银行进账单（收账通知）

2024 年 12 月 28 日　　第　号

收款人	全称	福州安达汽车配件有限公司	付款人	全称	福州物资回收公司
	账号	789091245008004		账号	789091242006517
	开户银行	工商银行福州南山支行		开户银行	工商银行福州黎明办事处

（转讫 中国工商银行福州南山支行 2024.12.28）

人民币（大写）：壹仟零捌拾元贰角捌分　　￥1 080 28

票据种类		票据张数	
票据号码			
单位主管：　会计：　复核：　记账：			收款人开户行盖章

此联是收款人开户行交给收款人的收账通知

业务 87

"固定资产清理"账户的发生额情况表

2024 年 12 月 28 日

清理项目名称	借方发生额	贷方发生额	应转出金额	应转入账户名称

复核：　　　　　　　　　　　制表：

业务 88-1

福建增值税专用发票

3501056138

此联不作报销、扣税凭证使用

№ 00992866

开票日期：2024 年 12 月 28 日

购买方	名　　　称	泉州动力机械有限公司	密码区	（略）
	纳税人识别号	352501681725321		
	地 址 、电 话	泉州市西水路 256 号　75578352		
	开户行及账号	工行泉州西水支行　23604237021850		

货物或应税劳务、服务名称	规格型号	单位	数量	单价	金　额	税率	税　额
活塞 Jetta		只	15 000	21.00	315 000.00	13%	40 950.00
合　　计					¥315 000.00		¥40 950.00

价税合计（大写）	叁拾伍万伍仟玖佰伍拾元整	（小写）¥355 950.00

销售方	名　　　称	福州安达汽车配件有限公司	备注	
	纳税人识别号	350101768172805		
	地 址 、电 话	福州市仓山区朝阳路 666 号		
	开户行及账号	中国工商银行福州南山支行　789091245008004		

收款人：　　　　复核：　　　　开票人：王　青　　　　销售单位：（章）

税总函[2015]664号海南市华鑫实业公司

第一联 记账联 销售方记账凭证

业务 88-2

库存商品出库单

2024 年 12 月 28 日

编号：62

编号	名称及规格	计量单位	出库数量	用　途
01	活塞 Jetta	只	15 000	销售

仓库管理员：林　红　　　　　　　　　　　　　经办人：李心怡

② 会计记账联

业务 89

现金盘点报告单

2024 年 12 月 29 日

日期	账面余额	实际库存额	长款	短款	原因	处理意见
12月29日			100.00		待查	

出纳：陈小艺　　　　　　　会计：　　　　　　　　　　财务经理：

业务90

现金盘点报告单
2024 年 12 月 30 日

日期	账面余额	实际库存额	长款	短款	原因	处理意见
12月29日			100.00		无法查明原因	转入"营业外收入" 陈宏江 2024.12.30

出纳：陈小艺　　　　　会计：　　　　　　　　财务经理：

业务91-1

福建增值税专用发票

3500555140　　　发票联　　　No 00791565

开票日期：2024 年 12 月 30 日

购买方	名　称：福州安达汽车配件有限公司 纳税人识别号：350101768172805 地　址、电话：福州市仓山区朝阳路666号 开户行及账号：中国工商银行福州南山支行 789091245008004	密码区	（略）

货物或应税劳务、服务名称	规格型号	单位	数量	单价	金额	税率	税额
电（照明）		度	7 084	0.45	3 187.80	13%	414.41
电（生产）		度	108 100	0.85	91 885.00	13%	11 945.05
合　计					¥95 072.80		¥12 359.46

价税合计（大写）　壹拾万柒仟肆佰叁拾贰元贰角陆分　　（小写）¥107 432.26

销售方	名　称：福州市仓山供电局 付款人识别号：350105784376035 地　址、电话：福州市仓山上山路157号 83809321 开户行及账号：工行福州分行南台支行 091376205707	备注	

收款人：　　　　复核：　　　　开票人：陈 红　　　　销售单位：（章）

业务91-2

电费分配表
2024 年 12 月 30 日

类别	耗电总量	应分配金额	分配率	部门	耗电量(kW·h)	分配额
生产用电	108 100			加工车间	66 100	
				铸造车间	42 000	
				小　计	108 100	
照明用电	7 084			管理部门	3 600	
				销售部门	800	
				机修车间	1 800	
				车　队	884	
				小　计	7 084	
合　计						

业务 91-3

中国工商银行
转账支票存根

支票号码　　No：**6739546820**

科　　目　_____

对方科目　_____

签发日期　**2024** 年 **12** 月 **30** 日

收款人：

金　额：¥ **107 432.26**

用　途：**本月电费**

备　注：

单位主管　　　　　　会计　**李 玲**

复　核　**林 丽**　　　记账

业务 92-1

福建增值税专用发票

3501109003

№ 06251432

开票日期：2024 年 12 月 31 日

购买方	名　　称：福州安达汽车配件有限公司 纳税人识别号：350101768172805 地址、电话：福州市仓山区朝阳路 666 号 开户行及账号：中国工商银行福州南山支行 　　　　　　　789091245008004	密码区	（略）

货物或应税劳务、服务名称	规格型号	单位	数量	单价	金　额	税率	税　额
水费		吨	2 465	2.25	5 546.25	9%	499.16
合　　计					¥5 546.25		¥499.16

价税合计（大写）　陆仟零肆拾伍元肆角壹分　　　（小写）¥ 6 045.41

销售方	名　　称：福州仓山区自来水公司 纳税人识别号：350107325889665 地址、电话：福州市仓山区达明路 31 号　83425901 开户行及账号：农业银行仓山支行 　　　　　　　622502121326290912	备注	（福州仓山区自来水公司 350107325889665 发票专用章）

收款人：　　　复核：　　　开票人：陈孔钢　　　销售单位：（章）

税总函 [2015] 664 号海南华鑫实业公司

第三联　发票联　购货方记账凭证

业务 92-2

用 水 量 记 录

2024 年 12 月 31 日

使用部门	单价(元/立方米)	用水量(立方米)	水　费
加工车间	2.25	320	
铸造车间	2.25	1 500	
管理部门	2.25	200	
销售部门	2.25	80	
机修车间	2.25	150	
车　队	2.25	215	
合　　计		2 465	￥5 546.25

记录员：周　惠

业务 92-3

中国工商银行
转账支票存根

支票号码　No：6739546821

科　　目

对方科目

签发日期　2024 年 12 月 31 日

收款人：福州仓山区自来水公司

金　额：￥6 045.41

用　途：本月水费

备　注：

单位主管　　　　　　会计　李　玲

复　核　林　丽　　　记账

业务 93-1

车队司机出车补助花名册

2024 年 12 月 31 日

序 号	姓 名	金 额	签 字
1	黄明风	1 453.33	
2	陈志海	1 366.65	
3	曾志龙	1 446.87	
4	林 飞	1 373.36	
5	李江斌	1 506.27	（略）
6	郭文铭	1 486.65	
7	刘建锋	1 453.39	
8	杨有文	1 520.41	
合 计		￥11 606.93	

业务 93-2

中国工商银行
现金支票存根

支票号码　　No：7472632

附加信息

签发日期　2024 年 12 月 31 日

| 收款人： |
| 金　额：￥11 606.93 |
| 用　途：发放车队出车补贴款 |
| 备　注： |
| 单位主管　　　　　会计　李 玲 |
| 复　核　林 丽　　记账 |

业务 94-1

发出材料加权平均单位成本计算表

2024 年 12 月 31 日

<table>
<tr><th colspan="2" rowspan="2">材料名称及型号</th><th colspan="2">本月期初</th><th colspan="2">本月购入</th><th rowspan="2">加权平均单价</th></tr>
<tr><th>数量</th><th>金额</th><th>数量</th><th>金额</th></tr>
<tr><td rowspan="6">原材料</td><td rowspan="2">原主材料</td><td>纯铝</td><td></td><td></td><td></td><td></td><td></td></tr>
<tr><td>硅</td><td></td><td></td><td></td><td></td><td></td></tr>
<tr><td rowspan="3">辅助材料</td><td>切削液</td><td></td><td></td><td></td><td></td><td></td></tr>
<tr><td>液压油</td><td></td><td></td><td></td><td></td><td></td></tr>
<tr><td>钢铁除油剂</td><td></td><td></td><td></td><td></td><td></td></tr>
<tr><td rowspan="2">燃料</td><td>柴油</td><td></td><td></td><td></td><td></td><td></td></tr>
<tr><td>重油</td><td></td><td></td><td></td><td></td><td></td></tr>
<tr><td colspan="2">包装材料</td><td>塑料膜</td><td></td><td></td><td></td><td></td><td></td></tr>
<tr><td rowspan="6">周转材料</td><td rowspan="3">包装物</td><td>Jetta 包装箱</td><td></td><td></td><td></td><td></td><td></td></tr>
<tr><td>Santana 包装箱</td><td></td><td></td><td></td><td></td><td></td></tr>
<tr><td>Sail 包装箱</td><td></td><td></td><td></td><td></td><td></td></tr>
<tr><td rowspan="3">低值易耗品</td><td>劳保鞋</td><td></td><td></td><td></td><td></td><td></td></tr>
<tr><td>耐热手套</td><td></td><td></td><td></td><td></td><td></td></tr>
<tr><td>工作服</td><td></td><td></td><td></td><td></td><td></td></tr>
</table>

业务 94-2

发出材料耗用量统计表

2024 年 12 月 31 日

<table>
<tr><th colspan="3" rowspan="3">材料名称及型号</th><th colspan="8">领　料　用　途</th><th rowspan="3">发出数量合计</th></tr>
<tr><th colspan="3">生产领用</th><th colspan="5">车间及部门领用</th></tr>
<tr><th>活塞Jetta</th><th>活塞Santana</th><th>活塞Sail</th><th>加工车间</th><th>铸造车间</th><th>机修车间</th><th>车队</th><th>管理部门</th><th>销售部门</th></tr>
<tr><td rowspan="8">原材料</td><td rowspan="2">原主材料</td><td>纯铝</td><td></td><td></td><td></td><td></td><td></td><td></td><td></td><td></td><td></td><td></td></tr>
<tr><td>硅</td><td></td><td></td><td></td><td></td><td></td><td></td><td></td><td></td><td></td><td></td></tr>
<tr><td rowspan="3">辅助材料</td><td>切削液</td><td></td><td></td><td></td><td></td><td></td><td></td><td></td><td></td><td></td><td></td></tr>
<tr><td>液压油</td><td></td><td></td><td></td><td></td><td></td><td></td><td></td><td></td><td></td><td></td></tr>
<tr><td>钢铁除油剂</td><td></td><td></td><td></td><td></td><td></td><td></td><td></td><td></td><td></td><td></td></tr>
<tr><td rowspan="2">燃料</td><td>柴油</td><td></td><td></td><td></td><td></td><td></td><td></td><td></td><td></td><td></td><td></td></tr>
<tr><td>重油</td><td></td><td></td><td></td><td></td><td></td><td></td><td></td><td></td><td></td><td></td></tr>
<tr><td colspan="2">包装材料 塑料膜</td><td></td><td></td><td></td><td></td><td></td><td></td><td></td><td></td><td></td><td></td></tr>
<tr><td rowspan="6">周转材料</td><td rowspan="3">包装物</td><td>Jetta 包装箱</td><td></td><td></td><td></td><td></td><td></td><td></td><td></td><td></td><td></td><td></td></tr>
<tr><td>Santana 包装箱</td><td></td><td></td><td></td><td></td><td></td><td></td><td></td><td></td><td></td><td></td></tr>
<tr><td>Sail 包装箱</td><td></td><td></td><td></td><td></td><td></td><td></td><td></td><td></td><td></td><td></td></tr>
<tr><td rowspan="3">低值易耗品</td><td>劳保鞋</td><td></td><td></td><td></td><td></td><td></td><td></td><td></td><td></td><td></td><td></td></tr>
<tr><td>耐热手套</td><td></td><td></td><td></td><td></td><td></td><td></td><td></td><td></td><td></td><td></td></tr>
<tr><td>工作服</td><td></td><td></td><td></td><td></td><td></td><td></td><td></td><td></td><td></td><td></td></tr>
</table>

业务 94-3

发出材料耗用金额计算表

2024 年 12 月 31 日

<table>
<tr><th rowspan="3" colspan="2">材料名称及型号</th><th colspan="9">领 料 用 途</th><th rowspan="3">发出金额合计</th></tr>
<tr><th colspan="3">生产领用</th><th colspan="6">车间及部门领用</th></tr>
<tr><th>活塞Jetta</th><th>活塞Santana</th><th>活塞Sail</th><th>加工车间</th><th>铸造车间</th><th>机修车间</th><th>车队</th><th>管理部门</th><th>销售部门</th></tr>
<tr><td rowspan="8">原材料</td><td rowspan="2">原主材料</td><td>纯铝</td><td></td><td></td><td></td><td></td><td></td><td></td><td></td><td></td><td></td><td></td></tr>
<tr><td>硅</td><td></td><td></td><td></td><td></td><td></td><td></td><td></td><td></td><td></td><td></td></tr>
<tr><td rowspan="3">辅助材料</td><td>切削液</td><td></td><td></td><td></td><td></td><td></td><td></td><td></td><td></td><td></td><td></td></tr>
<tr><td>液压油</td><td></td><td></td><td></td><td></td><td></td><td></td><td></td><td></td><td></td><td></td></tr>
<tr><td>钢铁除油剂</td><td></td><td></td><td></td><td></td><td></td><td></td><td></td><td></td><td></td><td></td></tr>
<tr><td rowspan="2">燃料</td><td>柴油</td><td></td><td></td><td></td><td></td><td></td><td></td><td></td><td></td><td></td><td></td></tr>
<tr><td>重油</td><td></td><td></td><td></td><td></td><td></td><td></td><td></td><td></td><td></td><td></td></tr>
<tr><td>包装材料</td><td>塑料膜</td><td></td><td></td><td></td><td></td><td></td><td></td><td></td><td></td><td></td><td></td></tr>
<tr><td colspan="3">小 计</td><td></td><td></td><td></td><td></td><td></td><td></td><td></td><td></td><td></td><td></td></tr>
<tr><td rowspan="6">周转材料</td><td rowspan="3">包装物</td><td>Jetta 包装箱</td><td></td><td></td><td></td><td></td><td></td><td></td><td></td><td></td><td></td><td></td></tr>
<tr><td>Santana 包装箱</td><td></td><td></td><td></td><td></td><td></td><td></td><td></td><td></td><td></td><td></td></tr>
<tr><td>Sail 包装箱</td><td></td><td></td><td></td><td></td><td></td><td></td><td></td><td></td><td></td><td></td></tr>
<tr><td rowspan="3">低值易耗品</td><td>劳保鞋</td><td></td><td></td><td></td><td></td><td></td><td></td><td></td><td></td><td></td><td></td></tr>
<tr><td>耐热手套</td><td></td><td></td><td></td><td></td><td></td><td></td><td></td><td></td><td></td><td></td></tr>
<tr><td>工作服</td><td></td><td></td><td></td><td></td><td></td><td></td><td></td><td></td><td></td><td></td></tr>
<tr><td colspan="3">小 计</td><td></td><td></td><td></td><td></td><td></td><td></td><td></td><td></td><td></td><td></td></tr>
<tr><td colspan="3">合 计</td><td></td><td></td><td></td><td></td><td></td><td></td><td></td><td></td><td></td><td></td></tr>
</table>

业务 94-4

原材料及周转材料发出汇总表

2024 年 12 月 31 日

<table>
<tr><th rowspan="2">会计账户</th><th rowspan="2">领用单位及用途</th><th colspan="4">原 材 料</th><th colspan="2">周 转 材 料</th><th rowspan="2">合计</th></tr>
<tr><th>原主材料</th><th>辅助材料</th><th>燃料</th><th>包装材料</th><th>包装物</th><th>低值易耗品</th></tr>
<tr><td>生产成本——基本</td><td>活塞 Jetta</td><td></td><td></td><td></td><td></td><td></td><td></td><td></td></tr>
<tr><td>生产成本</td><td>活塞 Santana</td><td></td><td></td><td></td><td></td><td></td><td></td><td></td></tr>
<tr><td>生产成本</td><td>活塞 Sail</td><td></td><td></td><td></td><td></td><td></td><td></td><td></td></tr>
<tr><td>生产成本——辅助</td><td>机修车间</td><td></td><td></td><td></td><td></td><td></td><td></td><td></td></tr>
<tr><td>生产成本</td><td>车 队</td><td></td><td></td><td></td><td></td><td></td><td></td><td></td></tr>
<tr><td rowspan="2">制造费用</td><td>铸造车间</td><td></td><td></td><td></td><td></td><td></td><td></td><td></td></tr>
<tr><td>加工车间</td><td></td><td></td><td></td><td></td><td></td><td></td><td></td></tr>
<tr><td>管理费用</td><td></td><td></td><td></td><td></td><td></td><td></td><td></td><td></td></tr>
<tr><td>销售费用</td><td></td><td></td><td></td><td></td><td></td><td></td><td></td><td></td></tr>
<tr><td colspan="2">合 计</td><td></td><td></td><td></td><td></td><td></td><td></td><td></td></tr>
</table>

业务 95

存货盘点报告表

2024 年 12 月 31 日

存货类别	存货名称	计量单位	数量（千克）		盘　盈		盘　亏		备注
			账存	实存	数量	金额	数量	金额	
燃料	重油	千克	3 090	3 080			10		
合　　计									

仓管员：林小燕　　　　　　　　　　　　　制表人：李　玲

业务 96

关于核销存货盘亏的请示

公司领导：

　　年末盘点原材料，发现燃料——重油180♯盘亏10千克，盘亏原因系合理范围内的计量误差，请批准转入"管理费用"。

财务科

2024 年 12 月 31 日

　　经研究决定，同意清查小组意见。

2024 年 12 月 31 日

业务 97-1

工资结算汇总表

2024 年 12 月 31 日

车间部门		基本工资	综合奖金	津贴	缺勤应扣工资	应付工资	代扣款项					实发工资
							个人所得税	养老保险	失业保险	医疗保险	住房公积金	
加工车间	生产工人	232 429.00	55 967.34	92 373.98	3 853.04	376 917.28	847.47	12 480.00	780.00	5 685.50	15 600.00	341 524.31
	管理人员	4 761.39	763.03	1 091.22	0.00	6 615.64	156.25	364.80	22.80	145.78	456.00	5 470.01
铸造车间	生产工人	102 805.13	24 754.78	40 857.72	1 704.23	166 713.40	379.31	5 600.00	350.00	2 551.19	7 000.00	150 832.90
	管理人员	3 265.70	659.44	577.37	57.45	4 445.06	111.38	228.80	14.30	72.89	286.00	3 731.69
机修车间		6 147.41	1 656.11	2 361.11	115.17	10 049.46	244.63	240.00	15.00	72.89	300.00	9 176.94
车队		9 615.60	2 126.15	3 711.66	0.00	15 453.41	79.31	480.00	30.00	218.67	600.00	14 045.43
管理部门		34 571.28	9 604.93	14 697.34	300.23	58 573.32	1 182.98	2 880.00	180.00	913.62	3 600.00	49 816.72
销售部门		17 974.06	4 328.03	7 143.41	297.96	29 147.54	407.47	1 084.00	67.80	437.35	1 356.00	25 794.12
合计		411 569.57	99 859.81	162 813.81	6 328.08	667 915.11	3 408.80	23 358.40	1 459.90	10 097.89	29 198.00	600 392.12

业务 97-2

工资费用分配计算表

2024 年 12 月 31 日

产品车间部门		生产工时(小时)	分配率	分配金额
加工车间生产工人	活塞 Jetta	15 000		
	活塞 Santana	16 000		
	活塞 Sail	9 000		
	小计	40 000		376 917.28
加工车间管理人员				6 615.64
铸造车间生产工人	活塞 Jetta	7 000		
	活塞 Santana	8 000		
	活塞 Sail	5 000		
	小计	20 000		166 713.40
铸造车间管理人员				4 445.06
机修车间				10 049.46
车队				15 453.41
管理部门				58 573.32
销售部门				29 147.54
合计				667 915.11

业务 98-1

社会保险费申报表

缴费人名称(盖章)：**福州安达汽车配件有限公司**
缴费人电脑编码：**350107705117856**
缴费人社保编码：**10118885878**　　申报时间：**2024** 年 **12** 月 **31** 日　　　　单位：元、人

费款所属日期：*2024* 年 *12* 月 *1* 日至 *2025* 年 *12* 月 *31* 日							
缴 费 性 质				正常申报 ○　稽核查补 ○　年度结算 ○　预缴 ○　利息 ○			
序号	缴费费种			缴费对象		缴费人数	缴费情况		
^	^			^		^	缴费基数	费率%	缴费金额
1	基本养老保险费 ||| 单　位					
2	^ ||| 职工个人					
3	^ ||| 个体工商户	本人				
4	^ ||| ^	雇主				
5	^ ||| ^	雇工				
6	^ ||| 代收代缴					
7	失业保险费 ||| 单　位					
8	^ ||| 职工个人					
9	^ ||| 农民工	不缴费				
10	^ ||| ^	缴　费				
11	^ ||| 个体工商户	雇主				
12	^ ||| ^	雇工				
13	医疗保险费	基本医疗保险 || 单　位					
14	^	^ || 职工个人					
15	^	外来人(农民工)住院费 || 单　位					
16	^	^ || 职工个人					
17	工伤保险费 ||| 单　位					
18	^ ||| 职工个人					
19	^ ||| 个体工商户	雇主				
20	^ ||| ^	雇工				
21	生育保险费 ||| 单　位					
22	^ ||| 职工个人					
23					合　　计				

缴费单位负责人：　　　　　　财会主管：　　　　　　缴费经办人：

业务98-2

基本养老保险费与失业保险费缴费明细表

2024 年 12 月 31 日

序号	姓名	缴费基数	基本养老保险费		失业保险费	
			单位	个人	单位	个人
1	陈高明	4 500.00	810.00	360.00	45.00	22.50
2	林 力	4 200.00	756.00	336.00	42.00	21.00
3	李 昕	4 180.00	752.40	334.40	41.80	20.90
…	…	…	…	…	…	…
…	…	…	…	…	…	…
…	…	…	…	…	…	…
137	林小园	2 000.00	360.00	160.00	20.00	10.00
138	郭林道	1 800.00	324.00	144.00	18.00	9.00
合 计		¥ 291 980.00	¥ 52 556.40	¥ 23 358.40	¥ 2 919.80	¥ 1 459.90

业务98-3

基本医疗保险费缴费明细表

2024 年 12 月 31 日

序号	姓名	缴费基数	单位缴费	个人缴费
1	陈高明	4 500.00	360.00	90.00
2	林 力	4 200.00	336.00	84.00
3	李 昕	4 180.00	334.40	83.60
…	…	…	…	…
…	…	…	…	…
…	…	…	…	…
137	林小园	3 644.55	291.57	72.89
138	郭林道	3 644.55	291.57	72.89
合 计		¥ 504 894.25	¥ 40 391.54	¥ 10 097.89

业务98-4

工伤保险费与生育保险费缴费明细表

2024 年 12 月 31 日

序号	姓名	缴费基数	工伤保险费	生育保险费
1	陈高明	4 500.00	22.50	22.50
2	林 力	4 200.00	21.00	21.00
3	李 昕	4 180.00	20.90	20.90
…	…	…	…	…
…	…	…	…	…
…	…	…	…	…
137	林小园	3 123.90	15.62	15.62
138	郭林道	3 123.90	15.62	15.62
合 计		¥ 434 606.50	¥ 2 173.03	¥ 2 173.03

业务 98-5

社会保险费费用分配表

2024 年 12 月 31 日

产品车间部门		生产工时（小时）	分配金额（合计）	养老	失业	医保	工伤	生育
加工车间 生产工人	活塞 Jetta	15 000	20 556.99	10 530.00	585.00	8 528.25	456.87	456.87
	活塞 Santana	16 000	21 927.45	11 232.00	624.00	9 096.79	487.33	487.33
	活塞 Sail	9 000	12 334.19	6 318.00	351.00	5 116.95	274.12	274.12
	小 计	40 000	54 818.63	28 080.00	1 560.00	22 741.99	1 218.32	1 218.32
加工车间管理人员			1 512.01	820.80	45.60	583.13	31.24	31.24
铸造车间 生产工人	活塞 Jetta	7 000	8 609.34	4 410.00	245.00	3 571.66	191.34	191.34
	活塞 Santana	8 000	9 839.24	5 040.00	280.00	4 081.90	218.67	218.67
	活塞 Sail	5 000	6 149.53	3 150.00	175.00	2 551.19	136.67	136.67
	小 计	20 000	24 598.11	12 600.00	700.00	10 204.75	546.68	546.68
铸造车间管理人员			866.20	514.80	28.60	291.56	15.62	15.62
机修车间			892.80	540.00	30.00	291.56	15.62	15.62
车 队			2 108.41	1 080.00	60.00	874.69	46.86	46.86
管理部门			10 904.42	6 480.00	360.00	3 654.48	204.97	204.97
销售部门			4 513.22	2 440.80	135.60	1 749.38	93.72	93.72
合 计			100 213.80	52 556.40	2 919.80	40 391.54	2 173.03	2 173.03

备注：企业负担的生产工人社会保险费按当月生产工时进行分配。

业务 99-1

工会经费费用分配表

2024 年 12 月 31 日

产品车间部门		生产工时（小时）	工会经费费用分配额
加工车间 生产工人	活塞 Jetta	15 000	468.00
	活塞 Santana	16 000	499.20
	活塞 Sail	9 000	280.80
	小 计	40 000	1 248.00
加工车间管理人员			36.48
铸造车间 生产工人	活塞 Jetta	7 000	196.00
	活塞 Santana	8 000	224.00
	活塞 Sail	5 000	140.00
	小 计	20 000	560.00
铸造车间管理人员			22.88
机修车间			24.00
车 队			48.00
管理部门			288.00
销售部门			108.48
合 计			¥2 335.84

备注：企业负担的生产工人工会经费按当月生产工时进行分配。

业务 99-2

通用申报表

2024 年 12 月 31 日

序号	征收品目	征收子目	开始年月	截止年月	应税项(1)	减除项(2)	计税(费)依据(3)＝(1)－(2)	税(费)率或单位税额(4)	速算扣除数(5)	本期有应纳税额(6)＝(3)×(4)－(5)
1	其他收入	工会经费	20241201	20241231	291 980.00	0	291 980.00	0.008	0.00	2 335.84
	合 计									￥2 335.84

业务 100-1

单位职工公积金基数核定表

住房公积金 ☑／住房补贴 ☐

单位名称：(盖章) 福州安达汽车配件有限公司

个 人 账 号	姓　　名	调整后基数(元)
350103892598711	陈高明	4 500.00
350103892598712	林　力	4 200.00
350103892598713	李　昕	4 180.00
……	……	……
……	……	……
……	……	……
350103892598977	林小园	2 000.00
350103892598978	郭林道	1 800.00
合　　　计		￥291 980.00

共计：138 人　　缴纳基数合计：￥291 980.00 元　　月缴交额合计￥58 396.00 元

单位地址：福州市仓山区朝阳路 666 号　　　　　联系人：陈小艺
邮政编码：350007　　　　　　　　　　　　　　联系电话：83856611

业务 100-2

关于缴交单位职工住房公积金请示

公司领导：

　　福州市住房公积金管理中心核定的本单位 2024 年 7 月 1 日至 2025 年 6 月 30 日的单位职工住房公积金月缴存基数为￥291 980.00。申请分别按 8% 的比例计算职工个人月应缴额（￥29 198.00）和单位补贴额（￥29 198.00）。

财务科

2024 年 7 月 4 日

　　经研究决定，同意财务科意见。

2024 年 7 月 5 日

业务 100-3

住房公积金费用分配表

2024 年 12 月 31 日

产品车间部门		生产工时（小时）	住房公积金分配额
加工车间	活塞 Jetta	15 000	5 850.00
生产工人	活塞 Santana	16 000	6 240.00
	活塞 Sail	9 000	3 510.00
	小　计	40 000	15 600.00
加工车间管理人员			456.00
铸造车间	活塞 Jetta	7 000	2 450.00
生产工人	活塞 Santana	8 000	2 800.00
	活塞 Sail	5 000	1 750.00
	小　计	20 000	7 000.00
铸造车间管理人员			286.00
机修车间			300.00
车　队			600.00
管理部门			3 600.00
销售部门			1 356.00
合　计			￥29 198.00

备注：企业负担的生产工人工会经费按当月生产工时进行分配。

业务 101

增值税纳税申请表

(适用于增值税一般付款人)

根据《中华人民共和国增值税暂行条例》第二十二条和第二十三条的规定制定本表,付款人不论有无销售额,均应按主管税务机关核定的纳税期限填报本表,并于次月一日至十日内,向当地税务机关申报。

税款所属时间：　　　　　　　填报日期：　　　　　　　金额单位：元至角分

付款人识别号						
付款人名称		法定代表人名称		注册地址		营业地址
开户银行及账号		企业登记注册类型				电话号码

	项目	栏次	一般项目		即征即退项目	
			本月数	累计数	本月数	累计数
销售额	(一)按适用税率征税货物及劳务销售额	1				
	其中：应税货物销售额	2				
	应税劳务销售额	3				
	应税检查调整的销售额	4				
	(二)按简易征收办法征税货物销售额	5				
	其中：纳税检查调整的销售额	6				
	(三)免、抵、退办法出口货物销售额	7				
	(四)免税货物销售额	8				
	其中：免税货物销售额	9				
	免税劳务销售额	10				
税款计算	销项税额	11				
	进项税额	12				
	上期留抵税额	13				
	进项税额转出	14				
	免抵退货物应退税额	15				
	按适用税率计算的纳税检查应补缴税额	16				
	应抵扣税额合计(17＝12＋13－14－15＋16)	17				
	实际抵扣税额 18(如 17＜11 则 17 否为 11)	18				
	应纳税额 19＝11－18	19				
	期末留抵 20＝17－18	20				
	简易征收办法计算的应纳税额	21				
	按简易征收办法计算的纳税检查应补缴税额	22				
	应纳税额减征额	23				
	应纳税额合计 24＝19＋21－23	24				
税款缴纳	期初未缴税额(多缴为负数)	25				
	实收出口开具专用缴款书退税额	26				
	本期已缴税额 27＝28＋29＋30＋31	27				
	1.分次预缴税款	28				
	2.出口开具专用缴款书预缴税额	29				
	3.本期缴纳上期应纳税额	30				
	4.本期缴纳欠缴税额	31				
	期末未缴税额(多缴为负数)32＝24＋25＋26－27	32				
	其中：欠缴税额(≥0)33＝25＋26－27	33				
	本期应补(退)税额 34＝24－28－29	34				
	即征即退实际退税额	35				
	期初未缴查补税额	36				
	本期入库查补税额	37				
	期末未缴查补税额	38				

授权说明	如果你已委托代理人申报,请填写下列资料： 为代理一切税务事宜,现授权 　　　　(地址) 为本付款人的代理申报人,任何与本申报表有关的来往文件都可寄此人。 　　　　　　　　　　授权人签字：	申报人申明	此纳税申报表是根据《中华人民共和国增值税暂行条例》的规定填报的,我确定它是真实的、可靠的、完整的。 　　　　　　　　　声明人签字

接收人：　　　　　　　　主管税务机关盖章：

业务 102

福建省地方税(费)纳税(费)申报表

纳税人名称(盖章):

纳税人识别号:　　　　　　　2024 年 12 月 31 日　　　　　　　金额:元

序号	税种	应税项目	税款所属时间	计税数量	计税金额	税率或单位税额	应纳税款	批准减免税额	批准缓缴税额	已缴税额	应入库税额
1	城市维护建设税	增值税附征				7%					
2	地方教育附加	增值税附征				1%					
3	教育费附加	增值税附征				3%					
4	印花税	购销合同				0.03%					
5											
6											
7											
8											
合计:											
减免税性质											

企业负责人:　　　　　　财会主管:　　　　　　办税员:　　　　　　税务经办人:

业务 103

交易性金融资产公允价值变动损益计算表

2024 年 12 月 31 日

交易性金融资产项目	持有数量	资产成本	"交易性金融资产——公允价值变动"现有余额		资产账面余额	期末市场单价	资产公允价值	公允价值变动损益	
			借方	贷方				损失	利得
广东明珠	80 000					8.88	710 400.00		

复核:　　　　　　　　　　　　　　　　制表:

业务 104

坏账准备计提计算表

2024 年 12 月 31 日

项　　目	行次	金　　额
"应收账款"账户期末余额	1	
计提比例	2	5‰
应计提坏账准备	3	
"坏账准备"账户的现有余额　借方	4	
"坏账准备"账户的现有余额　贷方	5	
应补提坏账准备	6	
应冲回坏账准备	7	

复核:　　　　　　　　　　　　　　　　制表:

业务 105

存货跌价准备计提计算表

2024 年 12 月 31 日

存货名称	存货成本	"存货跌价准备"现有余额		存货账面余额	存货可变现净值	存货跌价准备	
		借方	贷方			补提	冲回
硅					16 800.00		
合 计							

复核： 制表：

业务 106

固定资产折旧计算表

2024 年 12 月 31 日

使用部门或用途	11月份计提折旧额	11月份增加固定资产计提折旧额	11月份减少固定资产计提折旧额	12月份应计提折旧额
加工车间	16 000.00			
铸造车间	9 000.00	1 000.00		
机修车间	5 000.00			
车 队	8 000.00			
管理部门	12 000.00	300.00	700.00	
销售部门	3 000.00			
出 租	2 000.00			
合 计	55 000.00			

复核： 制表：

业务 107

无形资产摊销计算表

2024 年 12 月 31 日

项 目	账面成本	摊销期限(年)	当月摊销额
土地使用权	1 800 000.00	30	5 000.00
合 计			5 000.00

复核： 制表：

业务108

有关费用摊销计算表

2024 年 12 月 31 日

费用项目	受益期间	共摊销期限(月)	未摊销期限(月)	未摊销金额	本月摊销额
报刊征订费	2024.1—2024.12	12	1	400	400.00
厂房保险费	2024.12—2025.11	12	12	360	30.00
合　　计					430.00

复核：　　　　　　　　　　　　　制表：

业务109

应付利息计算表

2024 年 12 月 31 日

项　　目	本　　金	利　率(月)	金　　额
短期借款利息	500 000.00	0.452%	2 260.00
合　　计			2 260.00

复核：　　　　　　　　　　　　　制表：

业务110

内 部 转 账 单

2024 年 12 月 31 日

项　　　目	金　　额
结转本月发生的职工福利费支出	

复核：　　　　　　　　　　　　　制表：

业务 111

内 部 转 账 单

2024 年 12 月 31 日

项　　　目	金　　　额
结转本月发生的职工教育经费支出	

复核：　　　　　　　　　　　　　　　制表：

业务 112-1

辅助生产车间提供劳务记录

2024 年 12 月 31 日

辅助生产车间	计量单位	提供劳务总量	受益车间（部门）及受益数量					
			加工车间	铸造车间	机修车间	车　队	管理部门	销售部门
机修车间	小时	1 530	800	500	—	30	120	80
车　队	公里	30 400	1 500	1 000	400	—	7 500	20 000

复核：　　　　　　　　　　　　　　　制表：

业务 112-2

辅助生产费用分配表

2024 年 12 月 31 日

辅助生产车间	应分配费用	辅助车间以外的劳务量	分配率	加工车间		铸造车间		管理部门		销售部门	
				耗用量	分配额	耗用量	分配额	耗用量	分配额	耗用量	分配额
机修车间											
车　队											

复核：　　　　　　　　　　　　　　　制表：

业务 113-1

生产车间生产工时统计表

2024 年 12 月 31 日

车间部门		生产工时数(小时)
加工车间	活塞 Jetta	15 000
	活塞 Santana	16 000
	活塞 Sail	9 000
	小　计	40 000
铸造车间	活塞 Jetta	7 000
	活塞 Santana	8 000
	活塞 Sail	5 000
	小　计	20 000
合　计		600 000

复核：　　　　　　　　　　　制表：

业务 113-2

制造费用分配计算表

2024 年 12 月 31 日

生产车间	应分配制造费用	生产工时（小时）	分配率	活塞 Jetta		活塞 Santana		活塞 Sail	
				工时数	分配额	工时数	分配额	工时数	分配额
加工车间									
铸造车间									
合　计									

复核：　　　　　　　　　　　制表：

业务 114-1

产品完工入库汇总表

2024 年 12 月 31 日

产品名称	计量单位	完工入库数量	单位成本	总成本
活塞 Jetta	只			
活塞 Santana	只			
活塞 Sail	只			
合　计				

复核：　　　　　　　　　　　制表：

业务 114-2

月末在产品盘存表

2024 年 12 月 31 日

产品名称	计量单位	数量	完工程度	在产品约当产量
活塞 Jetta	只	5 000	80%	
活塞 Santana	只	8 000	70%	
活塞 Sail	只	2 000	90%	

复核：　　　　　　　　　　　制表：

（注：本公司期末在产品约当量按完工度计算）

业务 114-3

生产成本计算单

产品名称：活塞 Jetta　　　2024 年 12 月 31 日

摘　要	成　本　项　目			合　计
	直接材料	直接人工	制造费用	
月初在产品成本				
本月生产费用				
生产费用合计				
完工产品成本				
月末在产品成本				

复核：　　　　　　　　　　　制表：

（注：本公司采用约当产量法分配产成品和期末在产品的成本）

业务 114-4

生产成本计算单

产品名称：活塞 Santana　　　2024 年 12 月 31 日

摘　要	成　本　项　目			合　计
	直接材料	直接人工	制造费用	
月初在产品成本				
本月生产费用				
生产费用合计				
完工产品成本				
月末在产品成本				

复核：　　　　　　　　　　　制表：

（注：本公司采用约当产量法分配产成品和期末在产品的成本）

业务 114-5

生产成本计算单

产品名称：活塞 Sail　　　　　2024 年 12 月 31 日

摘　要	成　本　项　目			合　计
	直接材料	直接人工	制造费用	
月初在产品成本				
本月生产费用				
生产费用合计				
完工产品成本				
月末在产品成本				

复核：　　　　　　　　　　　　制表：

（注：本公司采用约当产量法分配产成品和期末在产品的成本）

业务 115-1

库存商品加权平均单位成本计算表

2024 年 12 月 31 日

库存商品名称	计量单位	本月期初结存		本月完工入库		加权平均单位成本
		数　量	金　额	数　量	金　额	
活塞 Jetta	只					
活塞 Santana	只					
活塞 Sail	只					

复核：　　　　　　　　　　　　制表：

业务 115-2

产品销售成本计算表

2024 年 12 月 31 日

库存商品名称	销　售　数　量	加权平均单位成本	总　成　本
活塞 Jetta			
活塞 Santana			
活塞 Sail			
合　　　计			

复核：　　　　　　　　　　　　制表：

业务 116

中华人民共和国企业所得税
月(季)度纳税申报表(A类)

税款所属期间： 年 月 日至 年 月 日

纳税人电脑编码：□□□□□□□□□□□

纳税人名称： 　　　　　　　　　金额单位:人民币元(列至角分)

行次	项　目	本期金额	累计金额
1	一、据实预缴		
2	营业收入		
3	营业成本		
4	利润额		
5	税率(25%)		
6	应纳所得税额(4行×5行)		
7	减免所得税额		
8	实际已缴所得税额		
9	应补(退)的所得税额(6行-7行-8行)		
10	二、按上一纳税年度应纳税所得额平均额预缴		
11	上一纳税年度应纳税所得额		
12	本月(季)应纳税所得额(11行÷4或11行÷12)		
13	税率(25%)		
14	本月(季)应纳税所得额(12行×13行)		
15	三、按照税务机关确定的其他方法预缴		
16	本月(季)确定的所得税额		
17	总分机构纳税人		
18	总机构	总机构应分摊的所得税额(9行或14行或16行×25%)		
19		中央财政集中分配税款的所得税额(9行或14行或16行×25%)		
20		分支机构分摊的所得税额(9行或14行或16行×50%)		
21	分支机构	分配比例		
22		分配的所得税额(20行×21行)		

谨声明:此纳税申报表是根据《中华人民共和国企业所得税法》《中华人民共和国企业所得税法实施条例》和国家有关税收规定填报的,是真实的、可靠的、完整的。

业务 117

内 部 转 账 单

2024 年 12 月 31 日

摘　　要	转账项目	转入本年利润前净发生额	
		借　方	贷　方
结转到"本年利润"账户	主营业务成本		
	营业税金及附加		
	其他业务成本		
	销售费用		
	管理费用		
	财务费用		
	营业外支出		
	资产减值损失		
	所得税费用		
合　　　计			

复核：　　　　　　　　　　　　　制表：

业务 118

内 部 转 账 单

2024 年 12 月 31 日

摘　　要	转账项目	转入本年利润前净发生额	
		借　方	贷　方
结转到"本年利润"账户	主营业务收入		
	其他业务收入		
	投资收益		
	公允价值变动损益		
	营业外收入		
合　　　计			

复核：　　　　　　　　　　　　　制表：

业务 119

内 部 转 账 单

2024 年 12 月 31 日

摘　　　要	转入分配利润前净发生额	
	借　方	贷　方
将本年利润结转到利润分配账户		

复核：　　　　　　　　　　　　　　　　制表：

业务 120

盈余公积提取计算表

2024 年 12 月 31 日

项 目 名 称	提取依据(本年净利润)	提 取 比 例	提 取 金 额
法定盈余公积			
合　　　计			

复核：　　　　　　　　　　　　　　　　制表：

业务 121

应付利润分配表

2024 年 12 月 31 日

分 配 对 象	可供分配的金额	分 配 比 例	分 配 金 额
合　　　计			

复核：　　　　　　　　　　　　　　　　制表：

业务 122

内 部 转 账 单

2024 年 12 月 31 日

摘　　　要	转账项目	金　额
结转到"利润分配——未分配利润"账户	*利润分配——提取盈余公积*	
	利润分配——应付利润	

复核：　　　　　　　　　　　　　　　　制表：

业务 123-1

科 目 汇 总 表

年 月 日 — 年 月 日　　　　　　　　No. 汇

科目编号	科目名称	借方发生额	贷方发生额	过　账
合　　计				

记账：　　　　　　　　　　审核：　　　　　　　　　　制表：

业务 123-2

科 目 汇 总 表

年 月 日 — 年 月 日   No.汇

科目编号	科目名称	借方发生额	贷方发生额	过 账
合 计				

记账: 审核: 制表:

业务 124-1

试 算 平 衡 表

年　月　日

科目编号	科 目 名 称	期 末 余 额	
		借 方	贷 方
	合　　　计		

审核：　　　　　　　　　　　　　　　　制表：

业务 124-2

试 算 平 衡 表

年　月　日

科目编号	科 目 名 称	期 末 余 额	
		借 方	贷 方
	合　　计		

审核：　　　　　　　　　　　　　　　　　制表：

业务125-1

资 产 负 债 表

编制单位：　　　　　　　　　　　　　　　___年___月___日

会企01表
单位：元

资　　　产	期末余额	上年年末余额	负债和所有者权益（或股东权益）	期末余额	上年年末余额
流动资产：			流动负债：		
货币资金			短期借款		
交易性金融资产			交易性金融负债		
衍生金融资产			衍生金融负债		
应收票据			应付票据		
应收账款			应付账款		
应收款项融资			预收款项		
预付款项			合同负债		
其他应收款			应付职工薪酬		
存货			应交税费		
合同资产			其他应付款		
持有待售资产			持有待售负债		
一年内到期的非流动资产			一年内到期的非流动负债		
其他流动资产			其他流动负债		
流动资产合计			流动负债合计		
非流动资产：			非流动负债：		
债权投资			长期借款		
其他债权投资			应付债券		
长期应收款			其中:优先股		
长期股权投资			永续债		
其他权益工具投资			租赁负债		
其他非流动金融资产			长期应付款		
投资性房地产			预计负债		
固定资产			递延收益		
在建工程			递延所得税负债		
生产性生物资产			其他非流动负债		
油气资产			非流动负债合计		
使用权资产			负债合计		
无形资产			所有者权益(或股东权益)：		
开发支出			实收资本(或股本)		
商誉			其他权益工具		
长期待摊费用			其中:优先股		
递延所得税资产			永续债		
其他非流动资产			资本公积		
非流动资产合计			减:库存股		
			其他综合收益		
			专项储备		
			盈余公积		
			未分配利润		
			所有者权益(或股东权益)合计		
资产总计			负债和所有者权益（或股东权益)总计		

业务125-2

利 润 表

会企02表

编制单位： ___年___月　　　　　　　　　　　单位：元

项　　目	本期金额	上期金额
一、营业收入		
减：营业成本		
税金及附加		
销售费用		
管理费用		
研发费用		
财务费用		
其中：利息费用		
利息收入		
加：其他收益		
投资收益(损失以"－"号填列)		
其中：对联营企业和合营企业的投资收益		
以摊余成本计量的金融资产终止确认收益		
净敞口套期收益(损失以"－"号填列)		
公允价值变动收益(损失以"－"号填列)		
信用减值损失(损失以"－"号填列)		
资产减值损失(损失以"－"号填列)		
资产处置收益(损失以"－"号填列)		
二、营业利润(亏损以"－"号填列)		
加：营业外收入		
减：营业外支出		
三、利润总额(亏损总额以"－"号填列)		
减：所得税费用		
四、净利润(净亏损以"－"号填列)		
（一）持续经营净利润(净亏损以"－"号填列)		
（二）终止经营净利润(净亏损以"－"号填列)		
五、其他综合收益的税后净额		
（一）不能重分类进损益的其他综合收益		
1. 重新计量设定受益计划变动额		
2. 权益法下不能转损益的其他综合收益		
3. 其他权益工具投资公允价值变动		
4. 企业自身信用风险公允价值变动		
5. 其他		
（二）将重分类进损益的其他综合收益		
1. 权益法下可转损益的其他综合收益		
2. 其他债权投资公允价值变动		
3. 金融资产重分类计入其他综合收益的金额		
4. 其他债权投资信用减值准备		
5. 现金流量套期储备		
6. 外币财务报表折算差额		
7. 其他		
六、综合收益总额		
七、每股收益：		
（一）基本每股收益(元/股)		
（二）稀释每股收益(元/股)		

业务125-3

现 金 流 量 表

编制单位：　　　　　　　　　　　　年度　　　　　　　　　　　　　　　　　　　　会企03表
单位：元

项　　　　　目	行次	本年金额	上年金额
一、经营活动产生的现金流量：	1		
销售商品、提供劳务收到的现金	2		
收到的税费返还	3		
收到其他与经营活动有关的现金	4		
经营活动现金流入小计	5		
购买商品、接受劳务支付的现金	6		
支付给职工以及为职工支付的现金	7		
支付的各项税费	8		
支付其他与经营活动有关的现金	9		
经营活动现金流出小计	10		
经营活动产生的现金流量净额	11		
二、投资活动产生的现金流量：	12		
收回投资收到的现金	13		
取得投资收益收到的现金	14		
处置固定资产、无形资产和其他长期资产收回的现金净额	15		
处置子公司及其他营业单位收到的现金净额	16		
收到其他与投资活动有关的现金	17		
投资活动现金流入小计	18		
购建固定资产、无形资产和其他长期资产支付的现金	19		
投资支付的现金	20		
取得子公司及其他营业单位支付的现金净额	21		
支付其他与投资活动有关的现金	22		
投资活动现金流出小计	23		
投资活动产生的现金流量净额	24		
三、筹资活动产生的现金流量：	25		
吸收投资收到的现金	26		
取得借款收到的现金	27		
收到其他与筹资活动有关的现金	28		
筹资活动现金流入小计	29		
偿还债务支付的现金	30		
分配股利、利润或偿付利息支付的现金	31		
支付其他与筹资活动有关的现金	32		
筹资活动现金流出小计	33		
筹资活动产生的现金流量净额	34		
四、汇率变动对现金的影响	35		
五、现金及现金等价物净增加额	36		
加:期初现金及现金等价物余额	37		
六、期末现金及现金等价物余额	38		

业务 125-4

所有者权益(股东权益)变动表

会企 04 表

填报单位：　　　　　　　　　___年___月　　　　　　　　　单位：元

项　目	本年金额									上年金额								
	实收资本（或股本）	其他权益工具			资本公积	减：库存股	其他综合收益	盈余公积	未分配利润	所有者权益合计	实收资本（或股本）	其他权益工具			资本公积	减：库存股	其他综合收益	盈余公积	未分配利润	所有者权益合计
		优先股	永续债	其他								优先股	永续债	其他						
一、上年年末余额																			
加:会计政策变更																			
前期差错更正																			
其他																			
二、本年年初余额																			
三、本年增减变动金额（减少以"－"号填列）																			
（一）综合收益总额																			
（二）所有者投入和减少资本																			
1. 所有者投入的普通股																			
2. 其他权益工具持有者投入资本																			
3. 股份支付计入所有者权益的金额																			
4. 其他																			
（三）利润分配																			
1. 提取盈余公积																			
2. 对所有者（或股东）的分配																			
3. 其他																			
（四）所有者权益内部结转																			
1. 资本公积转增资本（或股本）																			
2. 盈余公积转增资本（或股本）																			
3. 盈余公积弥补亏损																			
4. 设定受益计划变动额结转留存收益																			
5. 其他综合收益结转留存收益																			
6. 其他																			
四、本年年末余额																			

附录

空白记账凭证及账页

序号	名　称	单位	用　量	备注
1	通用记账凭证	页	每页排2张凭证 130张凭证/2=65页	单面印刷 65张纸
2	现金日记账账页	页	每页排1个日记账 2页	双面印刷 2页/2=1张纸
3	银行存款日记账账页	页	每页排1个日记账 4页	双面印刷 4页/2=2张纸
4	总账账页	页	每页排2个总账 56个总账/2=28页	双面印刷 28页/2=14张纸
5	三栏式明细账账页	页	每页排2个三栏账 72个三栏账/2=36页	双面印刷 36页/2=18张纸
6	数量金额式明细账账页	页	每页排1个数量账 20页	双面印刷 20页/2=10张纸
7	生产成本多栏明细账	页	每页排1个多栏账 4页	双面印刷 4页/2=2张纸
8	应交增值税多栏明细账	页	每页排1个多栏账 6页	双面印刷 6页/2=3张纸 注意正反面格式不一样
9	管理费用多栏明细账	页	每页排1个多栏账 4页	双面印刷 4页/2=2张纸 注意正反面格式不一样
10	普通多栏式明细账账页	页	每页排1个多栏账 8页	双面印刷 8页/2=4张纸 注意正反面格式不一样
11	账簿封面 （日记账1,总账1,明细账3）	副	5	可放在各类账页的前面
12	凭证封面 反封底	套	3	每页封面及封底各排1张
13	凭证包角	页	1	
14	报表封面	套	1	

日 记 账

_____公司

自 年 月 日至 年 月 日止	
册内共 页（张） 保管期限：	
全综号： 目录号：	档案号：
会计档案	

20_____年度

_____公司

总 分 类 账

20_____年度

会计档案	自 年 月 日至 年 月 日止		
	册内共 页(张)	保管期限：	
	全综号：	目录号：	档案号：

_____公司

明细分类账

自　　年　　月　　日至　　年　　月　　日止

册内共　　页(张)　　　　保管期限：

会计档案		
全综号：	目录号：	档案号：

20____年度

_____公司

财 务 报 表

20_____年度